日本史見るだけブック

Nihonshi Mirudake Book

福田　智弘　著
塩浦信太郎　画

辰巳出版

❖はじめに……

「見るだけ」でわかってしまうラクチンな日本史の本！

「『日本の歴史』には興味があるけれど、なんだか難しそう……」
「ドラマや映画で見た時代のことをもっと知りたい！」
「てっとり早く『社会（日本史）』の成績をあげたい！」

本書を手にとっていただいた方のなかには、そんなふうに思っている人が多いかもしれません。

そんな皆さんのご要望に、バッチリお応(こた)えできるのが、この『日本史 見るだけブック』です。なんといっても、**パラパラと「見るだけ」で、日本史上の重大事件や歴史の流れ、織田信長や坂本龍馬など有名人の活躍までが、なんとな～くわかる**ようにできているのです……。

たとえば、「保元(ほうげん)の乱では、後白河(ごしらかわ)天皇の軍と崇徳上皇(すとくじょうこう)の軍が戦って、後白河天皇が勝利した」なんて話を、文章だけで覚えるのはちょっと大変かもしれません。しかし、後白河天皇と崇徳上皇がにらみ合っている絵があって、そのあと、後白河天皇軍の人たちが笑っている絵があったら……。「保元の乱では、後白河天皇の軍と崇徳上皇の軍が戦って、後白河天皇が勝利した」という**話がバッチリ頭に入る**……気がしませんか？

もっと詳しく知りたくなったら、イラストに添えてある文章も読んでみましょう。「文章」といっても、ホントにイラストに添えてある程度の短いものです。本書は、それを順番に読んでいただくことで、結構深い内容までわかるようにつくってあるのです。

もう1つのポイントは、本の「構成」です。本書では、人類の始まりから令和の現代にいたるまでの日本の歴史を、85の重大事件等で説明しています。**何千年、何万年という歴史をたった85項目だけで押さえられる**としたら……それもやっぱり大きな魅力ですよね。

さらに最後の終章では、年表とまとめの文章があり、日本の歴史を**まるごと総復習できる**ようになっています。この本の中では一番長い文章ページですが、これまで見てきたことの復習なので、きっと楽しく読めるはずです。

さあ、ページを開いて、日本の歴史を存分に味わってみてください。なんといっても「見るだけ」なのでラクチンです。全部見終わったころには、きっとお気に入りの歴史上の人物も見つかっているでしょうし、歴史の流れもバッチリつかめていることと思います。

福田智弘

〈第1章〉日本史 見るだけブック ―古代編―

〈第2章〉 日本史 見るだけブック ―中世編―

〈第3章〉 日本史 見るだけブック ―近世編―

ズドーン

〈第4章〉日本史 見るだけブック —近現代編—

〈終章〉日本史 見るだけブック　まとめ・年表編

Nihonshi Mirudake Book

〈第1章〉

日本史
見るだけブック
古代編

01 人類の始まり
（数十万年前）

地球の誕生から現在にいたるまでの時間を1年間にたとえると、人類の誕生は大みそかのNHK紅白歌合戦がクライマックスを迎えるころだという。まずは、宇宙生成からの歴史を簡単にふり返ってみよう。

今から百数十億年前、混沌とした状態（カオス）から大爆発が起こり……

BIG BANG!

宇宙が生まれ……

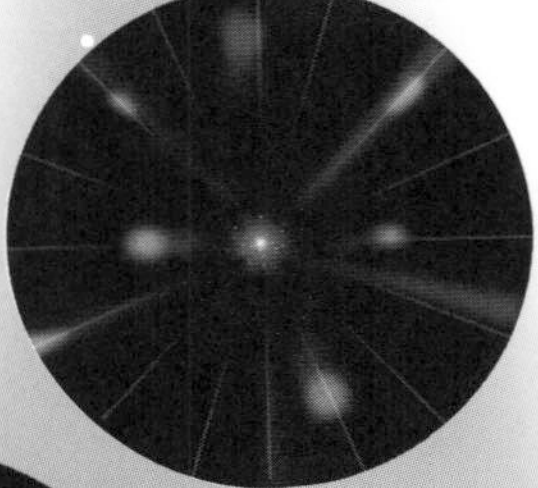

ちなみに、日本最初の歴史書『古事記』の冒頭では、まだ天地が分かれていない混沌とした中に、最初に「天之御中主神」が現れたという。

ひょっとして、「天之御中主神」とは、「BIG BANG」を神格化したものなのでは？　古代人は「BIG BANG」のことを知っていたのだろうか……!?

銀河系が生まれ……

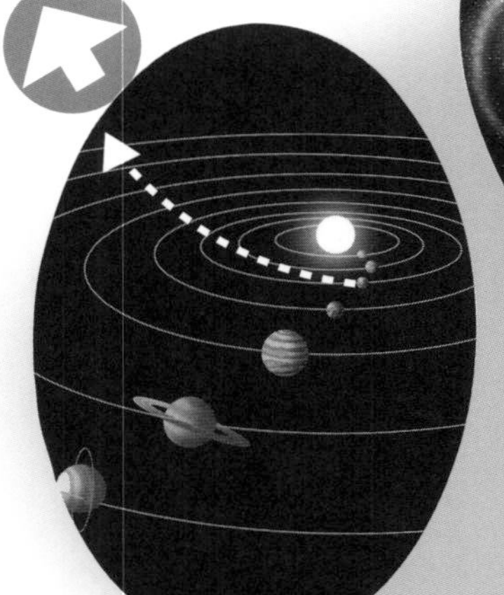

40数億年前、
太陽系が生まれていった。

歴史の始まりじゃ！
歴史の神さま

水
水ができ、海が生まれ……
その中でも第三番惑星「地球」は、暑すぎず寒すぎず、液体として水が存在できるなど、生命を育むのに、適した環境がそろっていた。
原始的な生物が誕生。
数億年前から大型動物が陸上を闊歩するようになる。
その後、数十万年前のアフリカで現代の人類の祖先となる女性が誕生し……
やがて、その中から日本列島へとたどりついた人類は、連綿たる歴史をつくっていくことになる。

02 旧石器時代
（数万年前）

寒い氷河時代（氷期）に、獲物を追って大陸からやってきた旧石器時代人。石や動物の角、骨などで道具をつくり、ごく原始的な生活をしていた彼らは、獲物を求めて一定範囲内を旅する生活を続けていた。

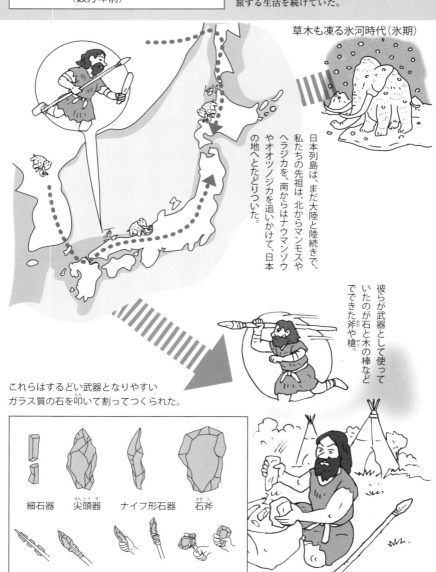

草木も凍る氷河時代（氷期）

日本列島は、まだ大陸と陸続きで、私たちの先祖は、北からマンモスやヘラジカを、南からはナウマンゾウやオオツノジカを追いかけて、日本の地へとたどりついた。

彼らが武器として使っていたのが石と木の棒などでできた斧や槍。

これらはするどい武器となりやすいガラス質の石を叩いて割ってつくられた。

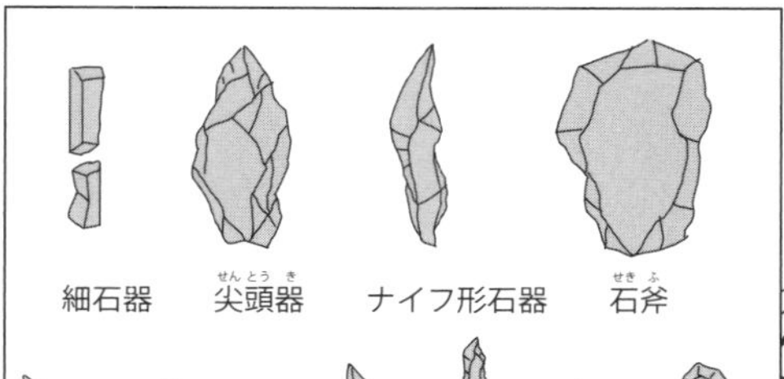
細石器
尖頭器
ナイフ形石器
石斧

食
苦心して射止めた獲物はとても貴重だった。
肉が焼かれて食べられたのは、もちろん……
「礫群」と呼ばれた調理器具
毛皮は服などに利用され……
衣
角や骨は武器などの道具に使われるなど、
まさに余すところなく使用された。
獣の骨や角
小さな石器（細石器）
旧石器人は、獲物を求めて旅を続ける暮らしをしていたのじゃ
石器に適した石を拾う
旅の途中でこんなことも……
木の実なども採集
食糧（獣、魚貝、雑草）を探す
定住はせず、テント式の簡単な小屋や洞窟などに住んだ。
住

03 縄文時代
（1万数千年前）

氷期が終わり、温暖な縄文時代を迎えると、食糧は豊富になった。人々は獲物を求めて旅を続けることをやめ、竪穴住居をつくって、定住するようになる。暖かな家庭、マイホームの始まりである。

長かった氷期が終わり、暖かくなり、氷も解け……
海水面が上がり、日本は大陸から切り離された！
この温暖な気候が、住みやすい環境をつくり出したのじゃ！
木の実のなる木々が増えた
海水面が上がり、入江が増え、魚介類がとりやすくなった
大型動物が絶滅し、イノシシやシカなどが増えた
さらにいくつかの発明によって、食糧が豊富になった！
縄文土器を使ってアク抜きや煮炊きができるようになると、硬かったり、アクが強かったりした木の実などが食べられるようになった。
弓矢ができて、狩りも進化！

食
獣肉
山菜
魚貝
果実
木の実
木の実などをすりつぶして粉にし……
パンやクッキーのようなものもつくられた。
土偶がつくられたのも、この頃！
衣
動物の毛皮が使われたほか、植物から繊維を取り出して糸をつくり、布が織られた。
住
旅を続けなくても食糧が得られるようになり、人々は竪穴住居をつくって定住を始めたのである。

04 弥生時代
（2千数百年前）

今から2千数百年前、日本に米づくりの技術が伝えられた。ここから稲穂実る日本列島の歴史が始まっていく。人々は大集団での生活を行なうようになるのだが、それは大規模な争いの始まりでもあった。

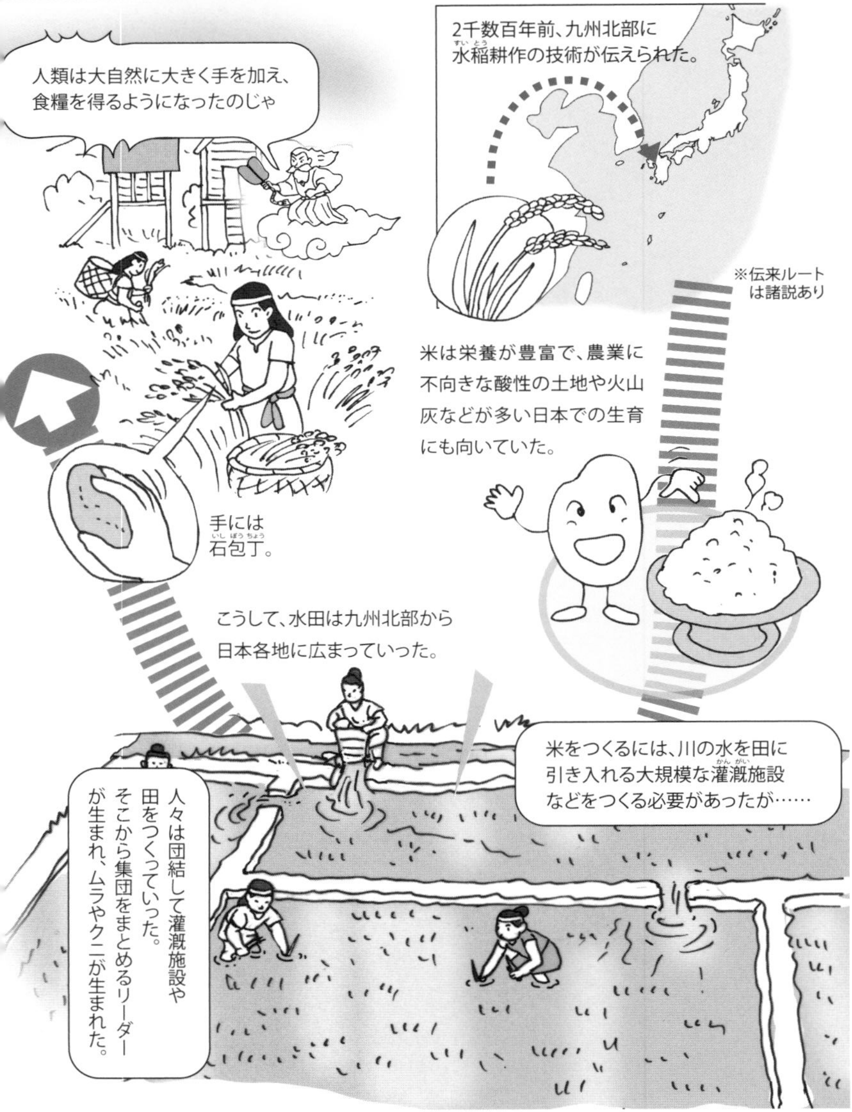

人類は大自然に大きく手を加え、食糧を得るようになったのじゃ
2千数百年前、九州北部に水稲耕作の技術が伝えられた。
※伝来ルートは諸説あり
米は栄養が豊富で、農業に不向きな酸性の土地や火山灰などが多い日本での生育にも向いていた。
手には石包丁。
こうして、水田は九州北部から日本各地に広まっていった。
米をつくるには、川の水を田に引き入れる大規模な灌漑施設などをつくる必要があったが……
人々は団結して灌漑施設や田をつくっていった。そこから集団をまとめるリーダーが生まれ、ムラやクニが生まれた。

しかし、よいことばかりではなく……
おい！ 上流のムラの奴らが川の水を自分たちの田んぼに引き込んでるぞ！
なに！
こんな日照り続きの時にそんなことをされては、ワシらの田は枯れてしまう！
ムラオサ
ムラオサ！ どうしましょう？
しかし、奴らと話し合ってもいうことなど聞かんぞ！
戦うしかなかろう！

弥生時代は決して平和な時代ともいえず、敵からの襲撃を防ぐため、濠(ほり)や杭(くい)などで集落を囲んだ環濠(かんごう)集落などがつくられた。

05 女王卑弥呼の時代
（2〜3世紀）

中国の歴史書『魏志倭人伝』によると2〜3世紀、日本のどこかに邪馬台国と呼ばれる国があり、女王卑弥呼が治めていたという。呪術をもって国を治め、遠く中国の魏の国にも遣いを送ったという彼女の素顔とは？

2世紀頃、日本では小国同士の争いが続いていた。
A国の王
戦ばかりでさすがにもう疲れたな
B国の王
誰か、この国をまとめてくれる人はいないものか！
C国の王
戦を終わらせてくれるなら、王の座を譲ってもいいぞ
戦の強さとは違う、別の超人的力で人々を導いてくれるような人は……
彼女の占いはよく当たる。
今度は雨を降らしておくれよ。
卑弥呼さま〜〜

こうして卑弥呼は、
若くして30ほどの小国をまとめた
連合国家の女王となった。
彼女の都は邪馬台国にあり、
占いやおまじないなどを得意
とした。
女王の誕生じゃ！
邪馬台国（やまたいこく）
人前に姿を見せず、
政治は弟が代わりに行なった。
卑弥呼はおばあちゃん
になるまで女王として
活躍した。
晩年には中国の魏という
国に遣い（つかい）を送り、
「親魏倭王（しんぎわおう）」という
金印も得た。
魏
倭
彼女が亡くなると、
再び国は乱れた
のだが……
壱与（いよ）（台与（とよ））という少女が
次の女王となり、
再び国は収まった。
その後、
壱与がどうなったのか、
邪馬台国がどこにあったのかは、
いまだにわかっていない。

06 古墳とヤマト政権
（3世紀後半〜）

3世紀後半から、巨大な墓である「古墳」がつくられ、特に前方後円墳という形式が目立ち始める。残された文字情報が少ないこの時期の日本の様子を、古墳の建造状況から探ってみることにしよう。

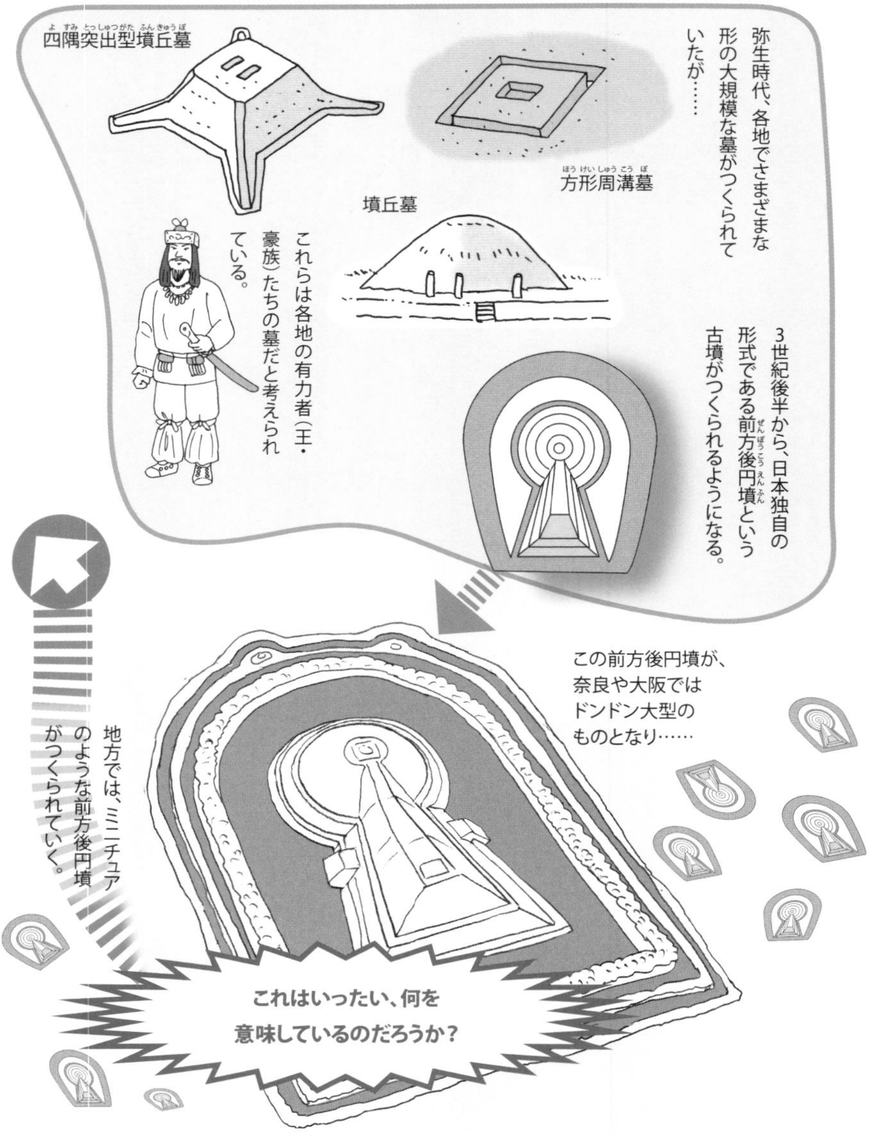
弥生時代、各地でさまざまな形の大規模な墓がつくられていたが……
四隅突出型墳丘墓
方形周溝墓
墳丘墓
これらは各地の有力者（王・豪族）たちの墓だと考えられている。
3世紀後半から、日本独自の形式である前方後円墳という古墳がつくられるようになる。
この前方後円墳が、奈良や大阪ではドンドン大型のものとなり……
地方では、ミニチュアのような前方後円墳がつくられていく。
これはいったい、何を意味しているのだろうか？

近畿地方の古墳が巨大化したのは、この地方に大きな力を持った政権（ヤマト政権）ができたからだといわれており……

地方に小さな前方後円墳ができたのは、各地の有力者（王・豪族）が、ヤマト政権の勢力下に入ったためだといわれている。

巨大前方後円墳は大王(おおきみ)（天皇）の墓、地方のミニチュアは、大王の臣下(しんか)となった豪族の墓なのじゃ！

ヤマト政権の支配下に入った各地の有力者たちは「豪族」、やがては「貴族」と呼ばれるようになる。

ヤマト政権の長は「大王(おおきみ)」、やがては「天皇」と呼ばれるようになる。

ちなみに『日本書紀』はヤマトタケルノミコト（日本武尊）が西の国や東の国の豪族たちを平定したという物語を紹介しており……

中国に遣いを送った倭王武(わおうぶ)は「わが先祖は自ら甲冑(かっちゅう)をつけて東は55国、西は66国を服属させた」と語った。

また、雄略(ゆうりゃく)天皇（別名ワカタケル）は『万葉集』で「ヤマトの国は私が隅々まで平定しているのだ」といった歌をうたっている。

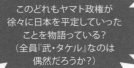

このどれもヤマト政権が徐々に日本を平定していったことを物語っている？（全員『武・タケル』なのは偶然だろうか？）

07 仏教伝来
（538年 ※552年説もあり）

6世紀になり、朝廷の支配が安定し始めた頃、朝鮮半島から仏教が正式に伝わった。この新しい宗教を受け入れるかどうかで、豪族同士が激しく対立。やがては内戦にまで発展していく。

538年、朝鮮半島の百済から仏像や経典などが送られた。
百済の聖明王
すると、当時の天皇（欽明天皇）は……
こんな美しいお顔は見たことがない！ 日本でも仏教を受け入れるべきだろうか？
日本には八百万の神がいるのに、外国の仏など拝んだら、バチが当たりますぞ！
物部尾輿
蘇我稲目
いや、西の国々は、みな拝んでいます。日本だけ仏教を受け入れないなんてありえません
困ったな。捨てるわけにもいかんしな
ならば、稲目が個人的に拝め。個人的にな
はっ！
なに！

はやく拾って！
帝がご病気になったのは仏像を捨てたからだ！
しかし、その後も仏教受入れ派（崇仏派）と反対派（排仏派）の争いは続き……
ポイッ
やめて！
疫病が流行ったのは、仏なんか拝んだからだ！
だから「ほっとけ」と……
なんとこの争いは、子の代まで続き……
蘇我馬子
物部守屋
賢い子だ！
勝たせてくれたら、お寺を建てましょう
蘇我氏の側には皇子なども参加した。
大きな内戦に発展
戦は蘇我氏側が勝利！
日本の歴史が大きく変わったぞ！（神であるワシがいうのも変じゃが……）
その結果、蘇我氏の権力は強まり、日本は仏教国へと、大きく舵を切ることになる。

08 聖徳太子の時代
（593年〜）

伯母の推古天皇の摂政として活躍したという聖徳太子（厩戸皇子）。近年は架空の人物説も出ているくらいで、やや聖人化されすぎているともいわれるが、『日本書紀』などが伝える太子の姿を見ていこう。

587年、崇峻天皇が即位した。
この崇峻天皇は蘇我馬子の甥にあたり、即位に際して力を尽くしたのも馬子だったが……
蘇我稲目
欽明天皇
蘇我馬子
小姉君
崇峻天皇
2人はやがて対立しはじめ…
帝は私なのに、あいつは生意気!
あ〜、この猪の首をとるように、憎い馬子の首をとりたい!
聞こえたぞ。
そののち、崇峻天皇は暗殺されてしまう。
次に即位したのが馬子の姪・推古天皇。
日本初の女帝じゃ!。
そして、即位の翌年、皇太子となり、天皇を補佐する摂政となったのが厩戸皇子。通称「聖徳太子」である。
立派になったな。

603年 冠位十二階の制定

豪族たちの位を冠の色で表すようにした
がんばった人は、家柄に関わらず、出世もできるぞ
おまえ赤？ワシ青
蘇我氏は別格だがな……

604年 憲法十七条の制定

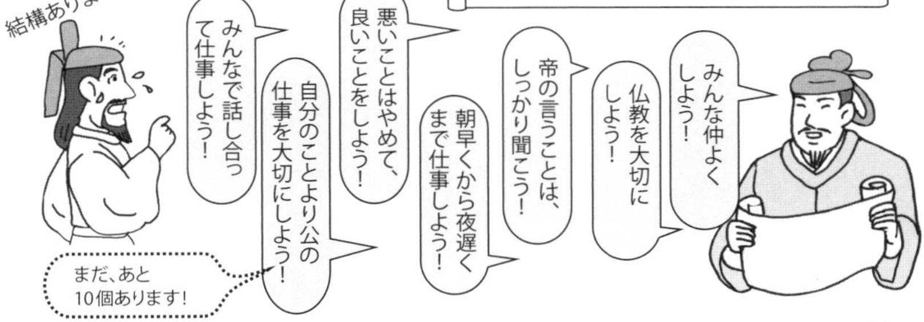
みんな仲よくしよう！
仏教を大切にしよう！
帝の言うことは、しっかり聞こう！
朝早くから夜遅くまで仕事しよう！
悪いことはやめて、良いことをしよう！
自分のことより公の仕事を大切にしよう！
みんなで話し合って仕事しよう！
結構ありますな……！
まだ、あと10個あります！

607年 小野妹子を隋に派遣

（最初の遣隋使は600年とされる）

はい
よろしく！
「日出ずる処の天子、書を日没する処の天子に致す」だと！「天子」はワシ1人じゃ！

最初は隋の皇帝・煬帝を怒らせたともいわれるが、その後、両国関係は改善していった。

そのほかにも、法隆寺を建てたり、仏教関係の書物を書いたりと大活躍する。

余は満足じゃ！

622年、聖徳太子は、満48歳の年に惜しまれつつ亡くなった、と伝わっている。

09 大化の改新
（645年〜）

皇室を脅かすほどの力をつけた蘇我氏を倒し新たな政治改革を行なった中大兄皇子ら。「蘇我氏を実際より悪く脚色している」との批判もあるが、『日本書紀』などの記述をもとに、その内容を見ていくことにしよう。

聖徳太子や蘇我馬子が亡くなった後、蘇我氏の力はますます強大になった。
『日本書紀』によれば、馬子の子・蝦夷、孫の入鹿は……
蝦夷
入鹿
自分たちの家を「宮門」子どもたちを「王子」と呼ぶなど皇族のようにふるまい始め……
無念！
邪魔な存在となった聖徳太子の息子（山背大兄王）を死に追いやった。
おまえちょっと、やりすぎじゃない？
そんな状況を憂いていた中大兄皇子と中臣鎌足の2人は……
蹴鞠の最中に脱げた皇子の靴を鎌足が拾ってあげたことで、急接近！

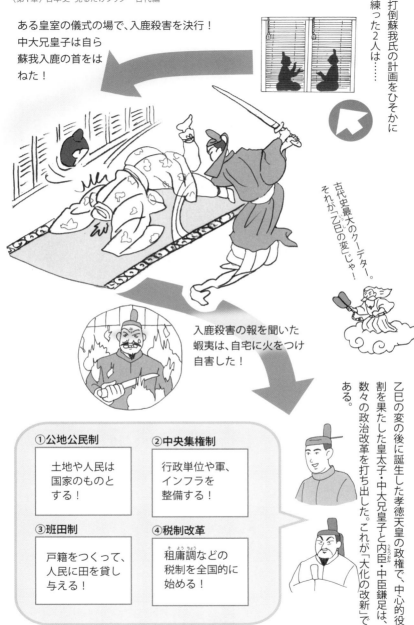

打倒蘇我氏の計画をひそかに練った2人は……

ある皇室の儀式の場で、入鹿殺害を決行！
中大兄皇子は自ら蘇我入鹿の首をはねた！

古代史最大のクーデター。
それが「乙巳（いっし）の変」じゃ！

入鹿殺害の報を聞いた蝦夷は、自宅に火をつけ自害した！

乙巳の変の後に誕生した孝徳天皇の政権で、中心的役割を果たした皇太子・中大兄皇子と内臣（うちつおみ）・中臣鎌足は、数々の政治改革を打ち出した。これが「大化の改新」である。

①公地公民制
土地や人民は国家のものとする！

②中央集権制
行政単位や軍、インフラを整備する！

③班田制
戸籍をつくって、人民に田を貸し与える！

④税制改革
租庸調（そようちょう）などの税制を全国的に始める！

10 壬申の乱
（672年）

大化の改新の中心人物・中大兄皇子はやがて天智天皇として即位した。しかし、その天智天皇の死後、大きく歴史は動いた。2人の皇子による大きな戦「壬申の乱」が勃発したのである。

天智天皇（かつての中大兄皇子）と大海人皇子は……
舒明天皇
皇極天皇
天智天皇（中大兄皇子）
大海人皇子（のちの天武天皇）
大友皇子
鸕野讃良皇女（のちの持統天皇）
天皇（天智）
兄弟であり、義理の親子であり、政治的な協力者であり……
皇太弟（大海人皇子）
額田王
恋敵だったともいわれている。
天智天皇が病に倒れた時……
ワシが死んだら、後は頼んだぞ！
殺気
何をおっしゃる、大友皇子がいるではないですか
引き受けたら、謀反の疑いありということで、殺そうと思ったのだが……
まあ、次はお前な！
大友皇子（天智天皇の子）
こわっ！　とりあえず奈良（吉野）へ身を隠そう！

天智天皇が亡くなると……
大海人皇子は、出家してしばらくおとなしくしていたが……
大海人皇子が挙兵。大友皇子軍との間で壬申の乱が勃発する!
戦いは、大海人皇子側が勝利!
多くの屍を乗り越え、強い天皇、天武が誕生した。
反対派を排除したので、権力が集中したのじゃ!

11 律令国家の建設
（5〜6世紀）

天武天皇が即位後13年ほどでこの世を去った後は、妻の持統天皇、孫の文武天皇、ならびに藤原氏の人間などがその遺志を引き継ぎ、大化の改新以降続いていた新しい国づくりをさらに進めていった。

国史の編纂

八色の姓の制定

身分制度の見直し

皇室との距離などから８つの姓をつくり、序列をつけた。

都の建設

天武
立派な都を立てよう
素敵♡
皇后
（のちの持統天皇）
しかし、志半ばで……
没
あなた……
その後

都と地方の整備

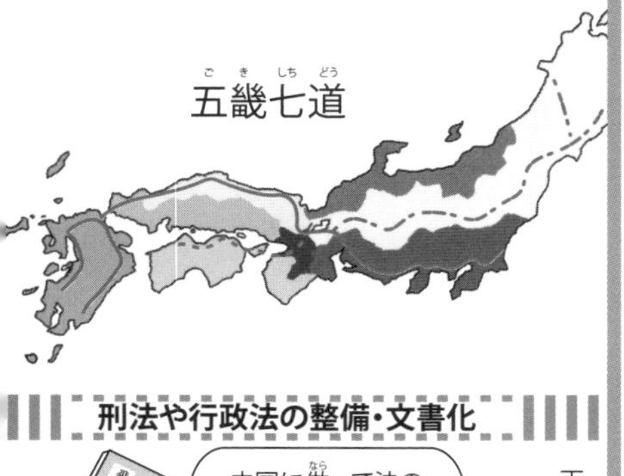

五畿七道

刑法や行政法の整備・文書化

飛鳥浄御原令
天武天皇
中国に倣って法の整備だ！（兄もやってたけど……）

天武天皇
持統天皇
父があなたのお父様のお世話に
天武天皇の妻
天智天皇の娘
藤原不比等
こちらこそ
中臣（藤原）鎌足の息子
文武天皇（天武・持統の孫）
元明天皇（文武の母）
元正天皇（文武の姉、天武・持統の孫）

天武・持統天皇とその子孫、および藤原氏の人々の連携によって国づくりが進んでいった。

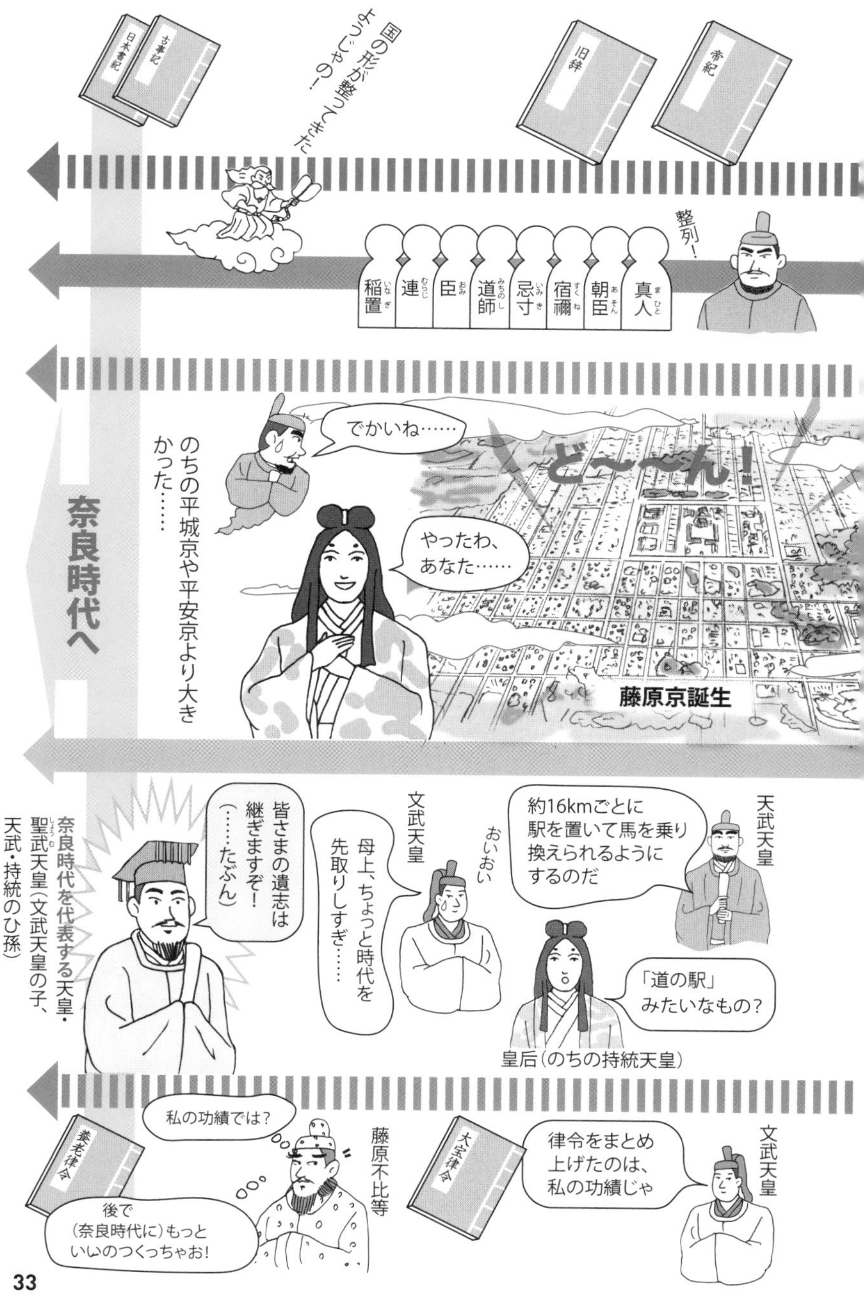
帝紀
旧辞
古事記
日本書紀
国の形が整ってきたようじゃの！
整列！
真人
朝臣
宿禰
忌寸
道師
臣
連
稲置
どーーん！
藤原京誕生
でかいね……
やったわ、あなた……
のちの平城京や平安京より大きかった……
奈良時代へ
天武天皇
約16kmごとに駅を置いて馬を乗り換えられるようにするのだ
「道の駅」みたいなもの？
皇后（のちの持統天皇）
文武天皇
おいおい
母上、ちょっと時代を先取りしすぎ……
皆さまの遺志は継ぎますぞ！（……たぶん）
奈良時代を代表する天皇・聖武天皇（文武天皇の子、天武・持統のひ孫）
文武天皇
律令をまとめ上げたのは、私の功績じゃ
大宝律令
藤原不比等
私の功績では？
後で（奈良時代に）もっといいのつくっちゃお！
養老律令

12 飛鳥・白鳳文化（7〜8世紀初め）

飛鳥時代には、法律や交通インフラなどが整えられただけでなく、文化も大いに花開いた。聖徳太子や蘇我氏、天武天皇などが尽力してつくり上げた仏教文化には、諸外国の影響もみられたという。

仏教文化が開花!
蘇我稲目
あの時、がんばってよかった!
鞍作鳥（止利仏師）
お任せを!
蘇我馬子
まずはお寺だ!
仏像も必要だぞ
飛鳥寺（法興寺）
飛鳥大仏
微妙な笑顔（アルカイック・スマイル）がいいね
法隆寺の釈迦三尊像
聖徳太子
法隆寺
四天王寺はあの時のお礼で建てたのだ（p.25参照）
四天王寺
柱の真ん中あたりが膨らんでいるのがおしゃれじゃの。（『エンタシス』というのかの?）

天武天皇
ワシらも頑張らねばな
ん?
そ、そうね
クラッ〜
皇后が倒れた!
医者を呼べ!仏に祈れ!
バタッ
寺を建てろ!ものすごく立派なのを!
こうして、何年もの時間をかけて薬師寺が完成!
ありがとう、あなた。すっかり病も治ったわ
でも、まさか……
お寺の建設中にあなたが先に亡くなるなんて……
テヘッ

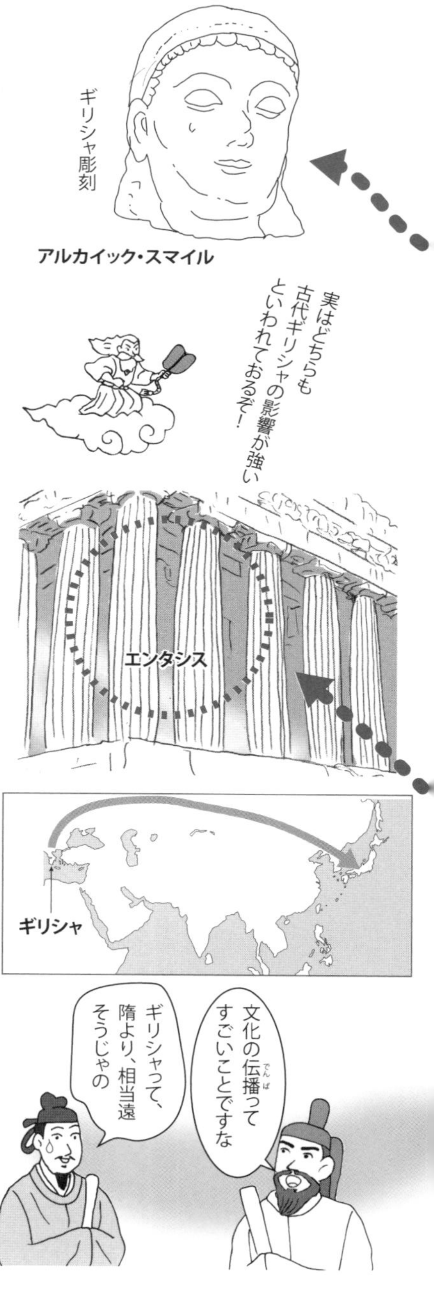
ギリシャ彫刻
アルカイック・スマイル
実はどちらも古代ギリシャの影響が強いといわれておるぞ!
エンタシス
ギリシャ
文化の伝播（でんぱ）ってすごいことですな
ギリシャって、隋より、相当遠そうじゃの

13 奈良時代の政治
(710〜794年)

710年、平城京に都が遷り、奈良時代が始まる。この時代はわずか80数年の間に権力者が次々入れ替わる激動の時代でもあった。奈良時代の政治を藤原氏と他の貴族・皇族との争いを中心に見ていこう。

奈良時代は、藤原氏とそれ以外の貴族や皇族とが、政治権力を争い、交互に政治を担った時代である！

藤原氏
皇族・他の貴族
最初に権力を握ったのは、藤原不比等
養老律令
平城京へ遷都しました！『養老律令』もつくりました！
まあ、仕方ないか……中臣（藤原）鎌足の息子だし……
持統天皇とも仲良かったしね
藤原不比等の死後、力を持ったのは長屋王
百万町歩開墾します！『三世一身の法』をつくりました！
いや、やっぱ嫌かな！
まあ、仕方ないか……天武天皇の孫だし……
よし、陥れよう！
……
次は藤原不比等の4人の子が権力の座に
謀反の罪を着せられ、長屋王没
藤原氏に逆らうとヤバくね？
がんばるぞ〜
武智麻呂
房前
宇合
麻呂
しかし、相次いで疫病で没
次に力を持ったのは橘諸兄
もともと皇族ですし……中国で学んだブレーンが付いてますし……
橘諸兄
吉備真備
玄昉
納得いか〜ん！
と、宇合の子、藤原広嗣が反乱を起こすも失敗

藤原氏

皇族・他の貴族

しかし、橘諸兄政権は徐々に人気がなくなり……

納得いか〜ん！

と、諸兄の子、橘奈良麻呂が反乱を起こすも失敗

次は武智麻呂の子・藤原仲麻呂が権力の座に

養老律令

おじいちゃんのつくった『養老律令』を施行しました！

別名「恵美押勝（えみのおしかつ）」

しかし、ここで事件が起こる。時の孝謙上皇（のちの称徳天皇）の病を治した僧・道鏡が、上皇のお気に入りとなったのである。

孝謙上皇
道鏡

こうして次に道鏡が力を持った

納得いか〜ん！
何度同じことを繰り返す？

藤原仲麻呂（恵美押勝）が反乱を起こすも失敗

その後、道鏡は天皇になろうとしたが失敗。称徳天皇が病没して失脚する。

藤原氏、執念すごすぎ……
まあ、いいか……

その後は、房前の子・藤原永手、宇合の子・百川が権力の座に

藤原永手（ながて）　藤原百川（ももかわ）

この後も藤原氏は大活躍じゃ！

ん？出番なし？

奈良時代を代表する
天皇・聖武天皇
（文武天皇の子、天武・持統のひ孫）

14 天平文化
（710〜794年）

奈良時代には、「天平文化」と呼ばれる文化が花開いた。天平文化は、中国・唐を経由した国際的な色彩も強く、仏教美術が黄金時代を迎えた。現存する最古の本が生まれたのもこの時代である。

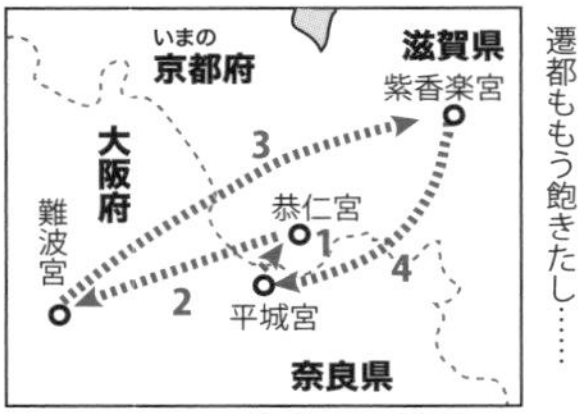

いまの
京都府
滋賀県
紫香楽宮
大阪府
難波宮
恭仁宮
平城宮
奈良県
1
2
3
4
遷都ももう飽きたし……

聖武天皇は、恭仁京、難波京、紫香楽京と遷都を繰り返した。

奈良時代を代表する天皇・聖武天皇は悩んでいた。
納得いか〜ん！
こんなことばっかりじゃ、国はよくならん
そうじゃ！

仏教の力で平和な国をつくるのじゃ！
寺や仏像だけじゃなく、よい僧侶も必要じゃな！
743年　大仏造立の詔発布
752年　開眼供養の実施
都だけじゃなく、各国に国分寺と国分尼寺をつくるのじゃ！
753年　鑑真来日
759年　唐招提寺ができる

奈良時代は文学も大いに発展した時代じゃ！
天武
持統
神話からワシらの話まで載っているのだ
日本書紀
現存する最古の正史！
天之御中主神
ワシらが登場するぞ
古事記
現存する最古の歴史書
懐風藻
現存する最古の漢詩集
風土記
諸国の様子が載っている地誌
天皇から庶民の歌まで載っているよ！
万葉集
現存する最古の歌集

これらはシルクロードなどを経て、国際都市唐の長安へ集まり……

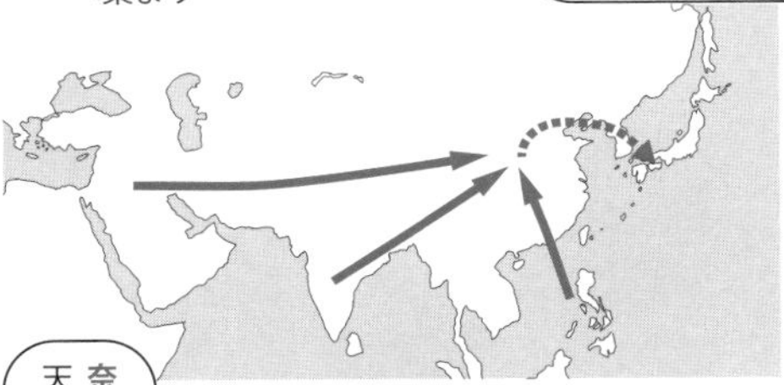

ちなみにワシのところにはいろいろなお宝が集まってくる！

これなどは見たこともない動物が描かれておる。

さらに遣唐使などを通し、日本へ伝わったものだとされる。

それゆえ、聖武天皇の遺品などを納めた正倉院は……

奈良時代を代表する天皇じゃからな

シルクロードの終着点などと呼ばれるのだ。

15 平安遷都
（794年）

奈良時代、最後の天皇となった桓武天皇は、784年、奈良の都を捨て長岡京へ遷都した。しかし、わずか10年でそこからさらに平安京へと遷都を繰り返した。なぜわずかの間に2度も遷都したのだろうか？

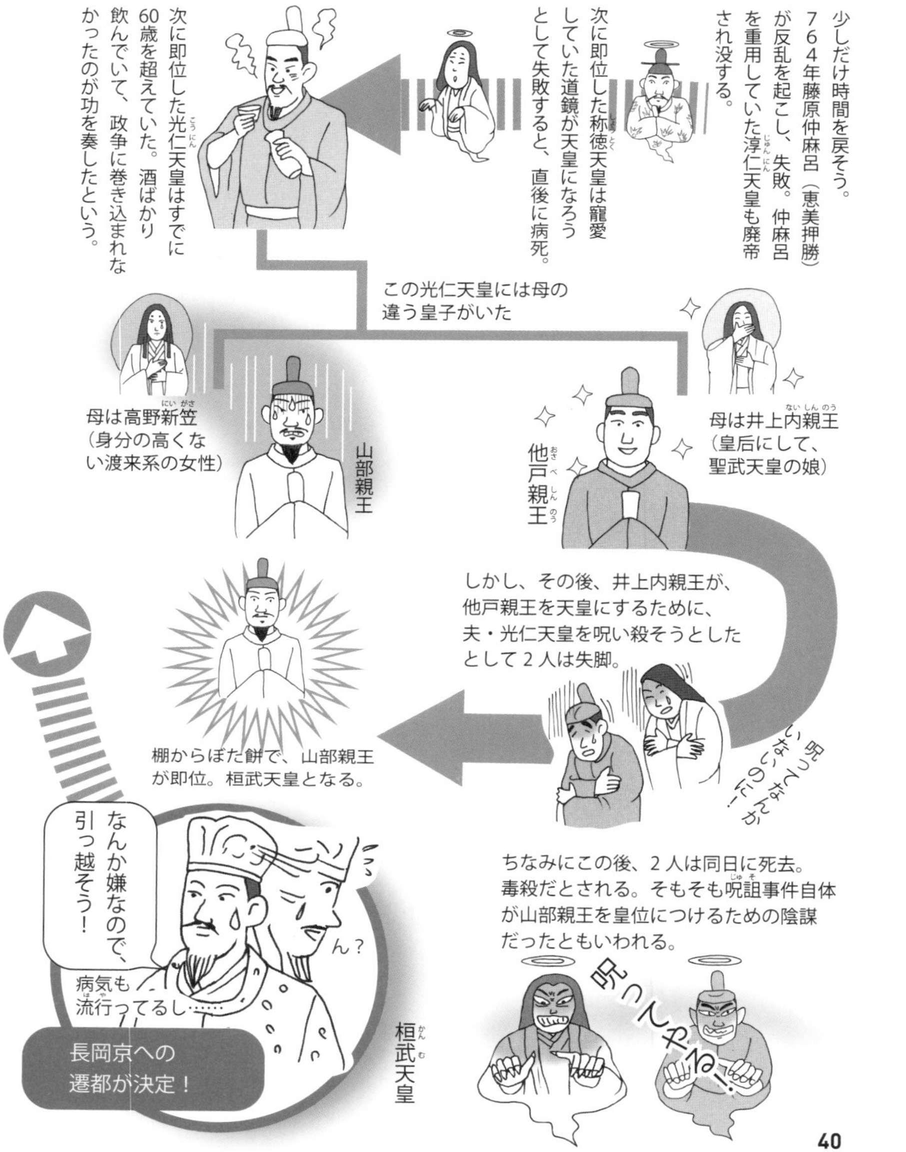

少しだけ時間を戻そう。764年藤原仲麻呂（恵美押勝）が反乱を起こし、失敗。仲麻呂を重用していた淳仁天皇も廃帝され没する。
次に即位した称徳天皇は寵愛していた道鏡が天皇になろうとして失敗すると、直後に病死。
次に即位した光仁天皇はすでに60歳を超えていた。酒ばかり飲んでいて、政争に巻き込まれなかったのが功を奏したという。
この光仁天皇には母の違う皇子がいた
母は井上内親王（皇后にして、聖武天皇の娘）
他戸親王
母は高野新笠（身分の高くない渡来系の女性）
山部親王
しかし、その後、井上内親王が、他戸親王を天皇にするために、夫・光仁天皇を呪い殺そうとしたとして2人は失脚。
呪ってなんかいないのに！
棚からぼた餅で、山部親王が即位。桓武天皇となる。
ちなみにこの後、2人は同日に死去。毒殺だとされる。そもそも呪詛事件自体が山部親王を皇位につけるための陰謀だったともいわれる。
呪ってやる〜！
なんか嫌なので、引っ越そう！
ん？
病気も流行ってるし……
桓武天皇
長岡京への遷都が決定！

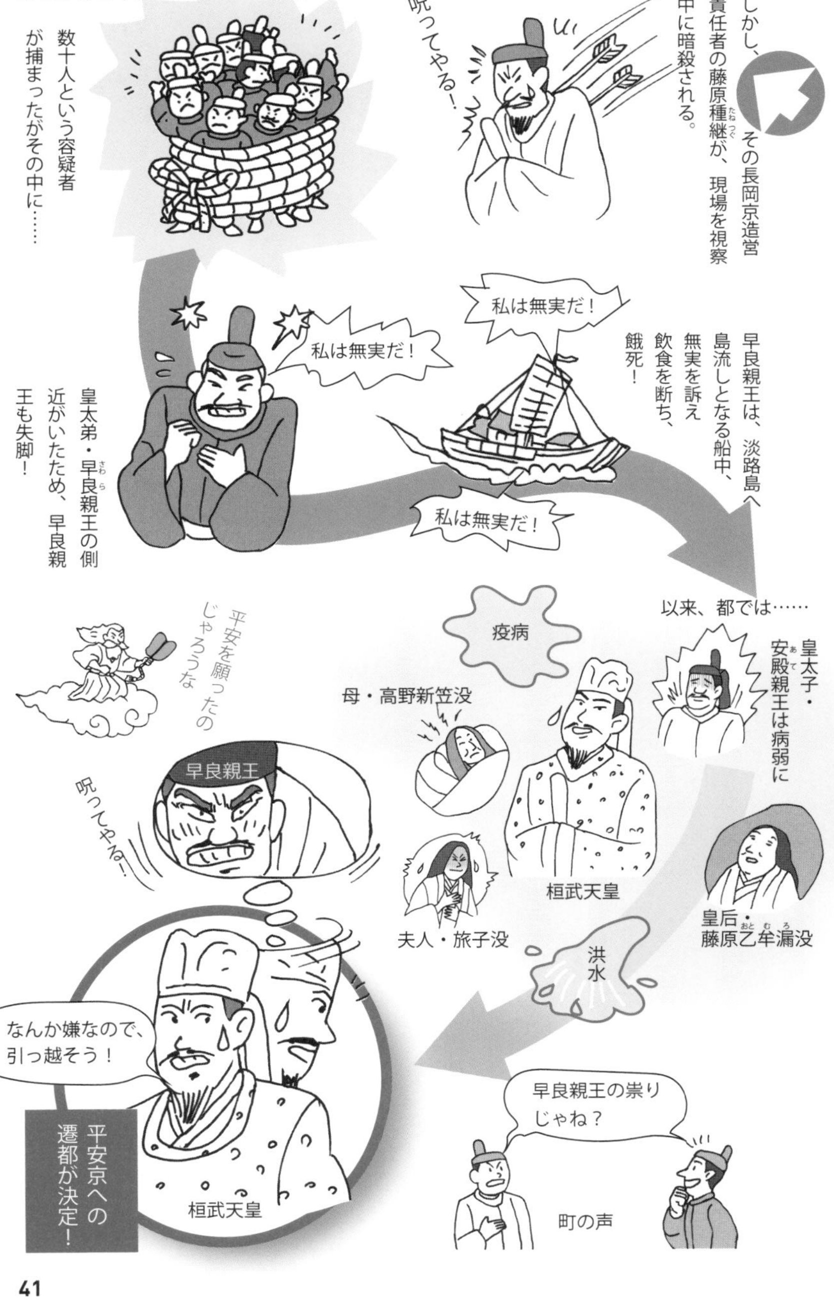
しかし、その長岡京造営責任者の藤原種継が、現場を視察中に暗殺される。
呪ってやる！
数十人という容疑者が捕まったがその中に……
早良親王は、淡路島へ島流しとなる船中、無実を訴え飲食を断ち、餓死！
私は無実だ！
私は無実だ！
私は無実だ！
皇太弟・早良親王の側近がいたため、早良親王も失脚！
以来、都では……
皇太子・安殿親王は病弱に
疫病
母・高野新笠没
桓武天皇
夫人・旅子没
皇后・藤原乙牟漏没
洪水
平安を願ったのじゃろうな
早良親王
呪ってやる！
早良親王の祟りじゃね？
町の声
なんか嫌なので、引っ越そう！
桓武天皇
平安京への遷都が決定！

16 弘仁貞観文化
（794年~9世紀末）

平安初期に栄えた弘仁貞観文化は、密教の色彩を帯びた独特の味わいのある文化である。この時代の文化を代表する2人の人物の生涯を中心に、弘仁貞観文化について見てみることにしよう。

767年、近江国（滋賀県）に三津首広野という子が生まれた。

11歳で国分寺に入り……

18歳の時、東大寺で受戒。

その後、比叡山で修行したのち……

804年、遣唐使船で中国・唐へと渡った。

その7年後、讃岐国（香川県）に生まれた佐伯真魚は……

幼い頃から伯父に教わったり、大学寮に入ったりして官吏（役人）になるための勉強を続けた。

しかし、彼は、人生の根本的な問題を解明するには、それまでの学問ではダメだと悟り、大学を辞め、山々で仏道修行を始めた。

やがて彼もまた、同じ804年、別の遣唐使船で唐へ。

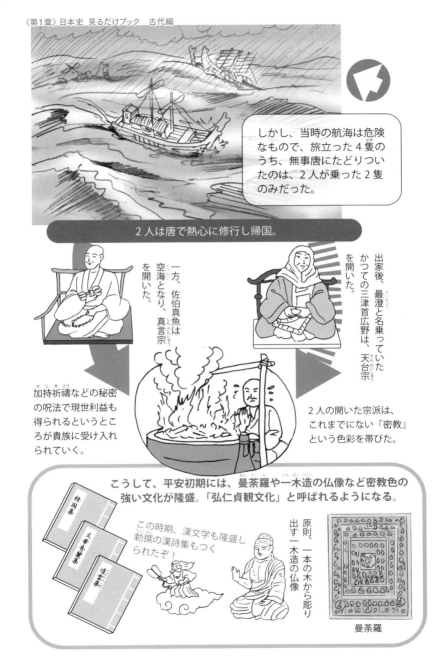

しかし、当時の航海は危険なもので、旅立った４隻のうち、無事唐にたどりついたのは、２人が乗った２隻のみだった。

２人は唐で熱心に修行し帰国。

出家後、最澄と名乗っていたかつての三津首広野は、天台宗を開いた。

一方、佐伯真魚は空海となり、真言宗を開いた。

２人の開いた宗派は、これまでにない「密教」という色彩を帯びた。

加持祈禱などの秘密の呪法で現世利益も得られるというところが貴族に受け入れられていく。

こうして、平安初期には、曼荼羅や一木造の仏像など密教色の強い文化が隆盛。「弘仁貞観文化」と呼ばれるようになる。

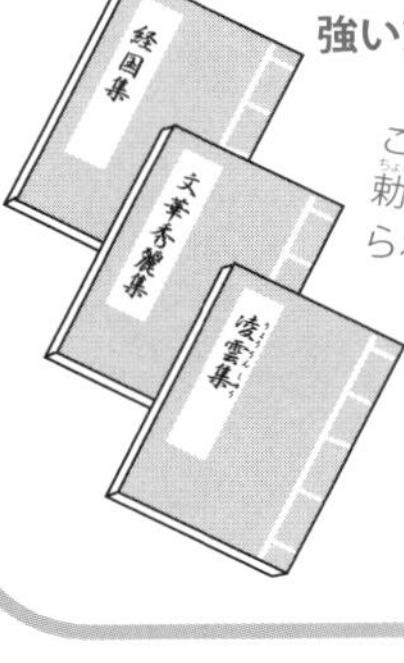
経国集
文華秀麗集
凌雲集

この時期、漢文学も隆盛し勅撰の漢詩集もつくられたぞ！

原則、一本の木から彫り出す一木造の仏像

曼荼羅

17 藤原北家の台頭

（9〜10世紀）

政治の中心であろうとする藤原氏の勢いは平安時代になっても続いていく。謀略を用いてでも他の貴族を排そうとした藤原氏の人々の姿を、4つの政変を通して見ていくことにしよう。

奈良時代に活躍した、藤原不比等の４人の息子の子孫は、それぞれ南家、北家、式家、京家という家系をたてていたが……
麻呂
京家
宇合
式家
房前
北家
武智麻呂
南家
平安時代初期から、徐々に北家が台頭してくる。さまざまな手法を用いながら……
842年　承和の変
密告→
謀反だ！　あの２人が、恒貞親王を擁して謀反を起こそうとしている！
阿保親王
え!?
橘逸勢
伴健岑
黒幕？→
藤原良房（北家）
兄妹
藤原順子
仁明天皇
この結果、両氏は流罪に。伴氏、橘氏の勢力が弱まり、恒貞親王も皇太子を廃され、次の皇太子には道康親王がなった。
道康親王
←皇太子に
このの ち藤原良房は太政大臣に出世する。
866年　応天門の変
応天門
え!?
源信
放火だ！
源信が犯人だ！
え!?
伴善男
いや、真犯人はおまえだ！
真相は不明だが、この事件の後、伴氏は没落し、良房は摂政となった。

讒言により菅原道真は大宰府に流され、やがてその地で没した。
901年　昌泰の変
謀反だ！菅原道真が自分の娘婿を天皇にしようとしているぞ！
え!?
藤原時平
菅原道真
その後、都で時平や皇太子などの死や天災が続いた。
疫病
藤原時平の死
皇太子の死
落雷
祟りだと恐れた人々は、菅原道真を「天神様」として祀ったのである。
969年　安和の変
この頃、台頭してきたのが……
左大臣で
天皇の子で
琵琶の名手！
光源氏のモデル？
源高明
そこで！
え!?
謀反だ！
黒幕？
藤原師尹
源高明は大宰府に左遷された。
目ざわりだな…
こうして、藤原北家が権力を独占していくのじゃ！

18 摂関時代
（10世紀後半～11世紀前半）

平安時代中期は、藤原氏の人々が摂政や関白の地位を独占し、貴族社会のトップに立った時代である。最も強い力を持ったのは藤原道長。彼のとった政治的手法などについて見ていこう。

そもそも摂政とは……

天皇が子どもだったり、病弱だったりした時に、代わって政治を行なう人のこと。

お助けします
良房

ワシの時代の「摂政」とは、少し違うようじゃの
聖徳太子

そもそも関白とは……

成人した天皇を補佐する人のこと。

よろしく頼む
はっ！
基経

そして、他氏排斥に成功した藤原北家が、摂関の地位を独占した時代を摂関時代といい、その中でも特に強い権力を握ったのが……

藤原道長である。

数々の謀略を用いて他氏を排斥した藤原氏は、その後親子、兄弟らで権力争いをしながら、摂政関白の地位を独占していった。

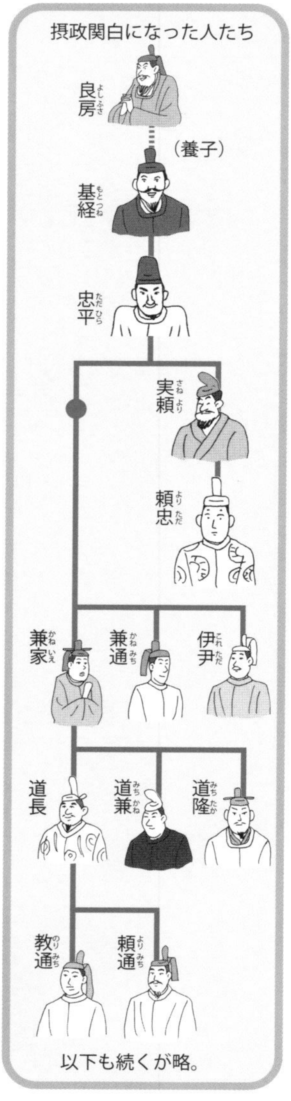
摂政関白になった人たち
良房
（養子）
基経
忠平
実頼
頼忠
兼家
兼通
伊尹
道長
道兼
道隆
教通
頼通
以下も続くが略。

道長は、5男坊であったが、
兄との争いに勝つと……
幸せにな
天皇に娘を嫁入りさせ……
一条天皇
彰子(しょうし)
生まれた子を天皇にし
三条天皇
妍子(けんし)
その天皇に、また別の娘を嫁入りさせるなどして天皇家との関係をめちゃくちゃ深めた。
後一条天皇
威子(いし)
後朱雀(ごすざく)天皇
嬉子(きし)
後冷泉(ごれいぜい)天皇

こうして強い権力を得た道長は……

この世をば
我が世とぞ思ふ
望月(もちづき)の欠けたることも
なしと思へば

（大意：この世の中を私のもののように思うよ。満月に欠けたところがないように、私の権力にも欠けたところがないのだ）

という、少々傲慢(ごうまん)にも思える歌まで詠(よ)んだのだが……晩年は病に悩まされ亡くなった。

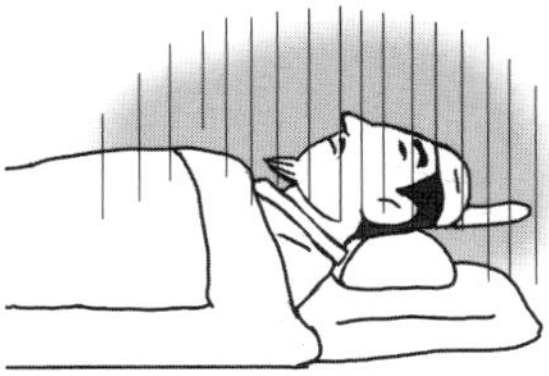

その子・頼通も、娘を天皇の嫁にやったのだが、皇子（次の天皇）は生まれず、徐々に藤原氏の力は陰りを見せる。

全盛期は過ぎても、この後も、
貴族社会の頂点に立ち続けるぞ。

19 国風文化
（10～11世紀）

平安中期から後期にかけて、貴族を中心とした国風文化が栄えた。華やかで優雅な文化である。時代的には藤原摂関家の勢いが盛んだった頃と重なっているため、「藤原文化」という呼び方もする。

894年、菅原道真の意見で遣唐使が廃止となった。
唐はすでに衰えているし、危ないからもう やめましょう！
これにより、唐の文化の影響が減り……
平安中期には、国風（日本ふう）の文化が栄えた。
貴族たちは建物が渡り廊下でつながり、大きな庭園のある寝殿造の屋敷に住んだ。
庭園で舟遊びをし……
優雅な十二単などの衣装を着て……
牛車に揺られて和歌を詠むなどの優雅な生活を送った。

この時代、仮名も生まれ……

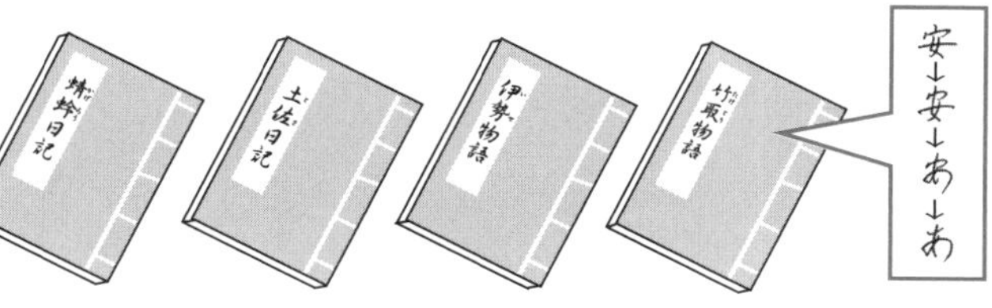
安↓安↓あ↓あ
竹取物語
伊勢物語
土佐日記
蜻蛉日記

すぐれた仮名文学が編まれていった。

ちなみに、藤原道長が、権力を高めるべく活動していた頃……

定子
一条天皇
彰子

一条天皇の皇后となっていた兄・道隆の娘・定子のそばには、才女の誉れ高き清少納言が仕えていたことから……

清少納言
枕草子
藤原道長
負けるもんか！
紫式部
源氏物語

それに対抗して、自分の娘・彰子に仕えさせたのが紫式部である。

実は、光源氏のモデルは藤原道長だという説もある。

またこの頃、阿弥陀仏を信じ、念仏を唱えて極楽浄土に生まれることを願う「浄土教」が流行。

貴族たちは極楽往生を願い、お寺や仏像などをつくった。

藤原頼通

現代の10円玉にも描かれている平等院鳳凰堂は、藤原頼通が建てた阿弥陀堂である。

どんな権力者にも死は訪れる。死の恐怖からは逃れられないのだ。

20 武士の台頭
（10世紀頃〜）

貴族が、政治や文化の中心だった平安時代において、徐々に力をつけてきたのが、武士である。やがて彼らは貴族に対し反乱を行なうようにまでなってくる。貴族社会をゆるがした「承平・天慶の乱」とは？

武芸を専門としていた人々「武士」は……
太古より存在していたのだが……
平安時代中期には、都で貴族に仕え、警護や警察などの仕事をしたり……
地方で領地を守るために武装化したりしていた。
現在の茨城県南西部周辺を本拠地としていた平将門もそのひとりだった。
かつては藤原忠平に仕えていたこともある彼は……
地元に戻った後、国府（地方官庁）と対立する武士を助けたことから、国府と対立するようになる。
やがて、関東各地の国府を攻め落とした将門は、「新皇」と名乗り、関東を独立国状態にしてしまった。
新皇

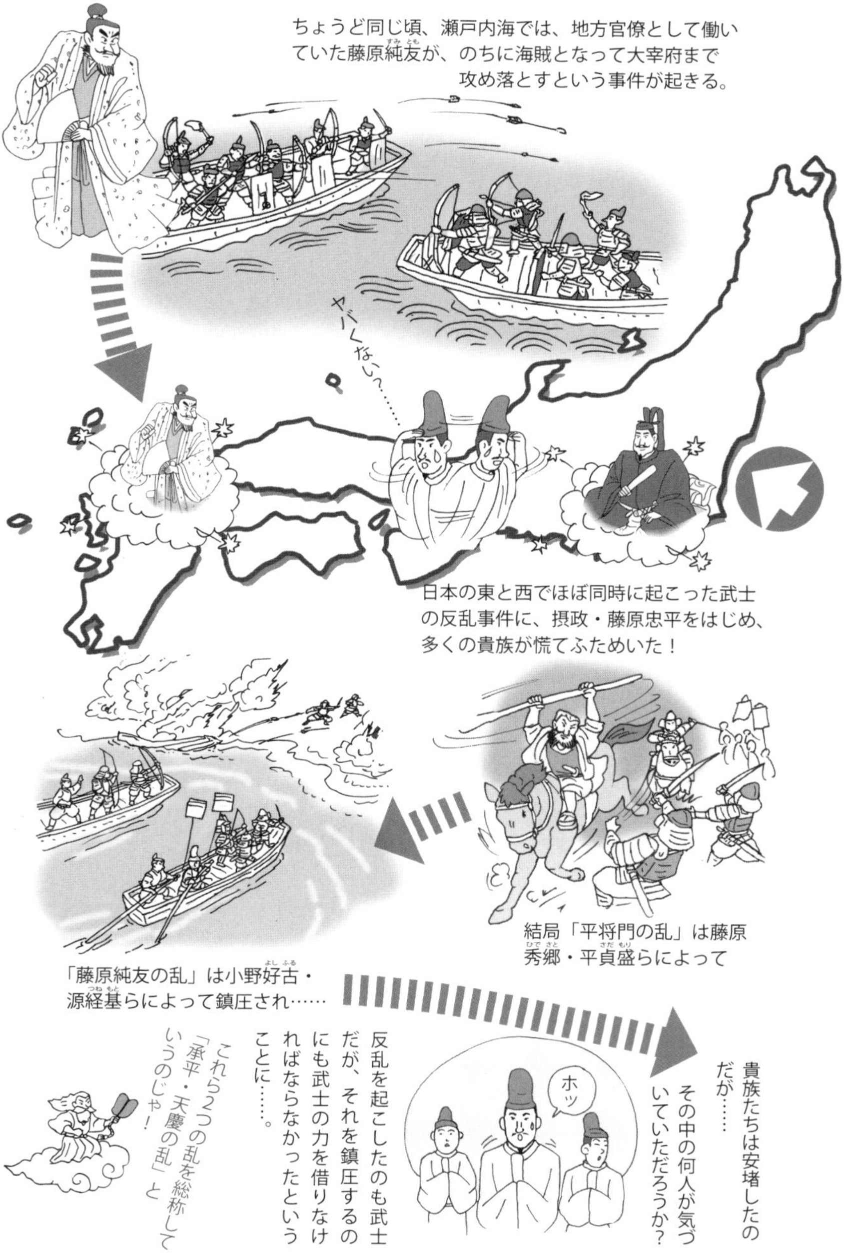
ちょうど同じ頃、瀬戸内海では、地方官僚として働いていた藤原純友が、のちに海賊となって大宰府まで攻め落とすという事件が起きる。
ヤバくない?……
日本の東と西でほぼ同時に起こった武士の反乱事件に、摂政・藤原忠平をはじめ、多くの貴族が慌てふためいた！
結局「平将門の乱」は藤原秀郷・平貞盛らによって
「藤原純友の乱」は小野好古・源経基らによって鎮圧され……
貴族たちは安堵したのだが……
その中の何人が気づいていただろうか?
ホッ
反乱を起こしたのも武士だが、それを鎮圧するのにも武士の力を借りなければならなかったということに……。
これら2つの乱を総称して「承平・天慶の乱」というのじゃ！

21 院政の始まり
（1086年）

藤原摂関家との血縁関係が薄い白河天皇は、1086年、皇子である堀河天皇に譲位してこれまでより自由な立場となり「院政」を始めた。平安末期は3代にわたる院政が行なわれた時代である。

1068年に即位した後三条天皇は、母親も皇族で、藤原摂関家とは血縁関係が薄かった。

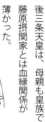

後三条天皇
藤原頼通
天皇家に嫁にやった、うちの娘には皇子が生まれなかったからな……
お〜い
藤原氏
白河天皇
後三条天皇
白河天皇
堀河天皇
白河上皇

こうして、後三条天皇と、その子・白河天皇は、藤原摂関家などと距離を置いた政治を行なった。

この白河天皇の場合、即位して数年のうちに、父・後三条天皇と藤原頼通、その弟の藤原教通という大物が亡くなったせいもあり……

かなり自分の思い通りの行動をとった人物である。

1086 年、白河天皇はまだ満 7 歳の息子（堀河天皇）に譲位。息子を後見する形で政治を行なった。「院政」の始まりである。

楽しみにしていた行事が雨で何度も延期になると……

雨を器にためて、牢に入れたというエピソードも残っている。

白河上皇は、天皇の位から降りることで、藤原摂関家の影響など、さまざまなしがらみから比較的自由な身となった。

白河上皇

これまで藤原摂関家によって、日陰の存在になっていた中下級貴族たちは、白河上皇を応援した。

これが武士がのちに力をつける要因となるのじゃ！

また、上皇は警護のために源氏や平氏などの武士を重用した。

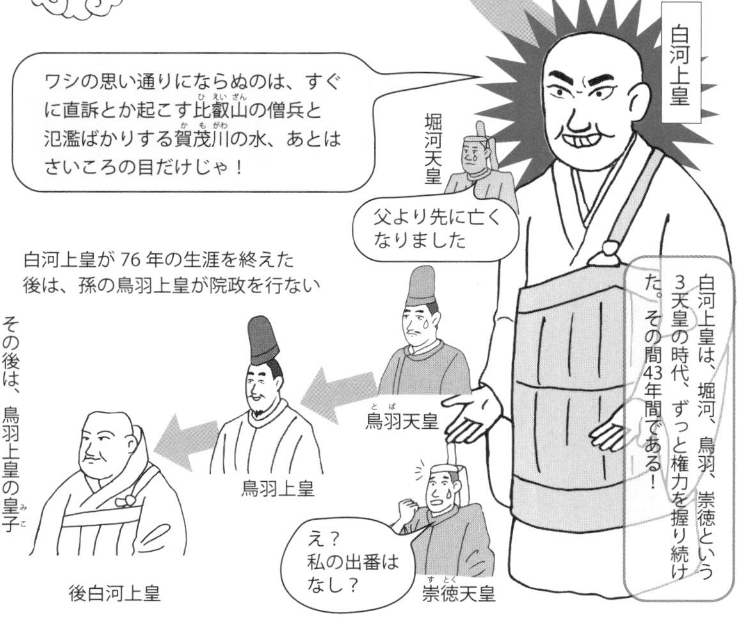
白河上皇
ワシの思い通りにならぬのは、すぐに直訴とか起こす比叡山（ひえいざん）の僧兵と氾濫ばかりする賀茂川（かもがわ）の水、あとはさいころの目だけじゃ！
堀河天皇
父より先に亡くなりました
鳥羽（とば）天皇
鳥羽上皇
後白河上皇
え？
私の出番はなし？
崇徳（すとく）天皇

白河上皇は、堀河、鳥羽、崇徳という3天皇の時代、ずっと権力を握り続けた。その間43年間である！

白河上皇が76年の生涯を終えた後は、孫の鳥羽上皇が院政を行ない

その後は、鳥羽上皇の皇子（みこ）（白河のひ孫）である後白河上皇が院政を行なった。

22 保元・平治の乱

（1156年・1159年）

平安時代末期、皇族やその近臣間の争いから大きな内乱が起こった。それが「保元の乱」と「平治の乱」である。2つの乱の結果、大きく力をのばしたのは、平清盛率いる平氏一族である。

鳥羽上皇が逝去し、後白河天皇の即位が決まると、これまで不遇だった崇徳上皇が挙兵。保元の乱が起こる。

え？
私の出番は
なし？
崇徳上皇

実はこの崇徳上皇、鳥羽上皇の子とされるが本当の父は白河上皇であったという。崇徳上皇の母・璋子は、もとは白河上皇の寵愛を受けていた女性で、のちに鳥羽上皇の妻となり、すぐに崇徳上皇を産んだのだ。

白河上皇
璋子
大切にな…
鳥羽上皇
璋子
崇徳上皇

つまり、鳥羽天皇と結婚した時、璋子のお腹の中には、白河上皇の子・崇徳がいたのではないかとの噂が絶えなかったのである。

このため、崇徳上皇は鳥羽上皇から「叔父子」として蔑まれた。（祖父の子なら『叔父』だからである）これが、「保元の乱」の遠因になったという。

保元の乱
弟
甥
後白河天皇
甥
平清盛
長男
源義朝
叔父
平忠正
父
源為義
兄
崇徳上皇
八男
源為朝

崇徳上皇（兄）と後白河天皇（弟）、それぞれの陣営には武士がつき、源氏も平氏も肉親同士で争うことに！

結果、敗れた崇徳上皇側の人々は、戦死、刑死、または流罪となり……

後白河天皇に勝利をもたらした平清盛と源義朝は大いに出世することになる。

後白河上皇

その後、後白河天皇は、父や曾祖父同様、子に譲位し、院政を始めたが……

藤原通憲(信西)
ははっ
平清盛
ははっ
藤原信頼
源義朝

やがて、部下同士が対立し、それぞれが源氏と平氏を味方につけた。

先に動いたのは源氏側。
仮御所を急襲して
後白河上皇と二条天皇を幽閉した。

平治の乱

しかし、その後、上皇と天皇は脱出に成功！

二条天皇は
女装して脱出！

後白河上皇

そして平清盛らの攻勢が始まる！

源義朝は討ち死に。

12歳の跡取り
息子・頼朝は伊豆に
流された。

源義朝

こうしてライバルを打ち破った平清盛は武士として異例の出世を遂げることになる。

いよいよ武士の時代の到来じゃ！
平清盛

23 平氏政権

(1160〜1180年頃)

保元・平治の乱を勝ち抜いた平清盛は、その後異例の出世を重ね、貴族としてもナンバー1の地位を占める。その後は、平氏一門も多く出世し、後白河法皇を凌駕するほどの繁栄を極めた。

平清盛は、平治の乱の翌年、公卿という上級貴族の仲間入りを果たす。武士としては初めてのことである。
平清盛
その後もとんとん拍子に出世し、1167年には最高の官職である太政大臣となり、平氏一門は16人も公卿となる。
その後出家した清盛は……
自分の娘・徳子を高倉天皇に嫁入りさせた。
高倉天皇
平徳子
藤原氏と同じ手法じゃな。
しかし、権力を手中にすると、恨む人も多く出てくるもので……
貴族
1177年、後白河法皇の近臣らが集まって平家打倒の共謀をする「鹿ケ谷の陰謀」が行なわれた。
ひそひそ……
俊寛
藤原成親
西光
密告者・多田行綱
平清盛
この事件が密告によって露見すると、清盛は烈火のごとく怒り……

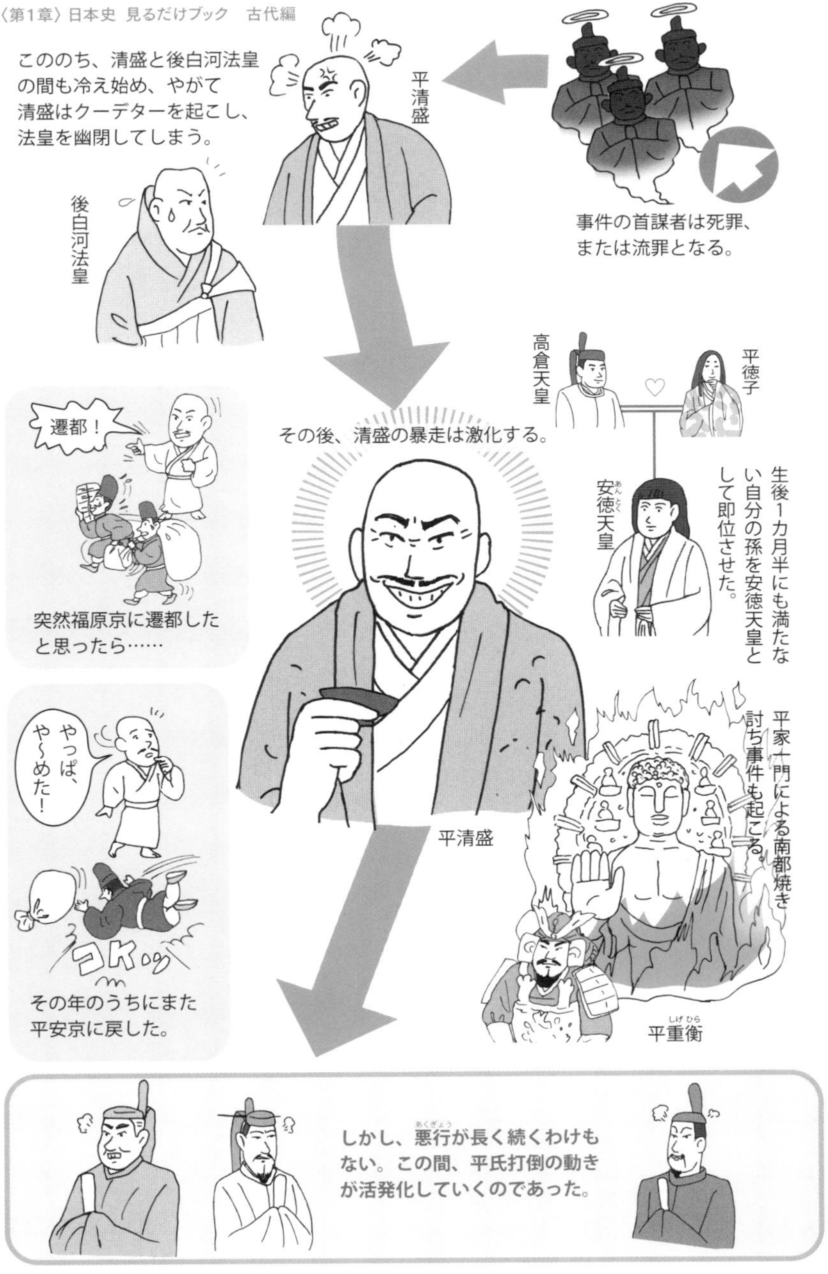
こののち、清盛と後白河法皇
の間も冷え始め、やがて
清盛はクーデターを起こし、
法皇を幽閉してしまう。
平清盛
後白河法皇
事件の首謀者は死罪、
または流罪となる。
高倉天皇
平徳子
その後、清盛の暴走は激化する。
安徳天皇
生後1カ月半にも満たない自分の孫を安徳天皇として即位させた。
遷都！
突然福原京に遷都した
と思ったら……
やっぱ、や〜めた！
その年のうちにまた
平安京に戻した。
平清盛
平家一門による南都焼き討ち事件も起こる。
平重衡
しかし、悪行が長く続くわけも
ない。この間、平氏打倒の動き
が活発化していくのであった。

24 院政期の文化
（11世紀末～12世紀）

院政期には、文化が多様な広がりを見せた。政治の中心である上皇や貴族を中心とした華やかな文化が栄えたのはもちろん、地方、あるいは庶民へも広がりを見せたことが特徴的である。

院政期に流行したものの一つに、絵巻物がある。

源氏物語絵巻
有名な物語を絵画化したもの
鳥獣戯画
マンガの元祖のようなもの
信貴山縁起絵巻
寺社や民間の伝承、あるいは世間を騒がした事件などを題材としたものもある。

絵と文章が交互に出てくるものが多く、両方で物語が楽しめる。絵巻物は鎌倉時代にも引き続き流行する。

また、この時期には、奥州藤原氏が中尊寺金色堂（岩手県）、平氏が厳島神社（広島県）などを建立した。京都や奈良などの都周辺だけでなく、地方にも貴族的な文化が波及した時代でもある。

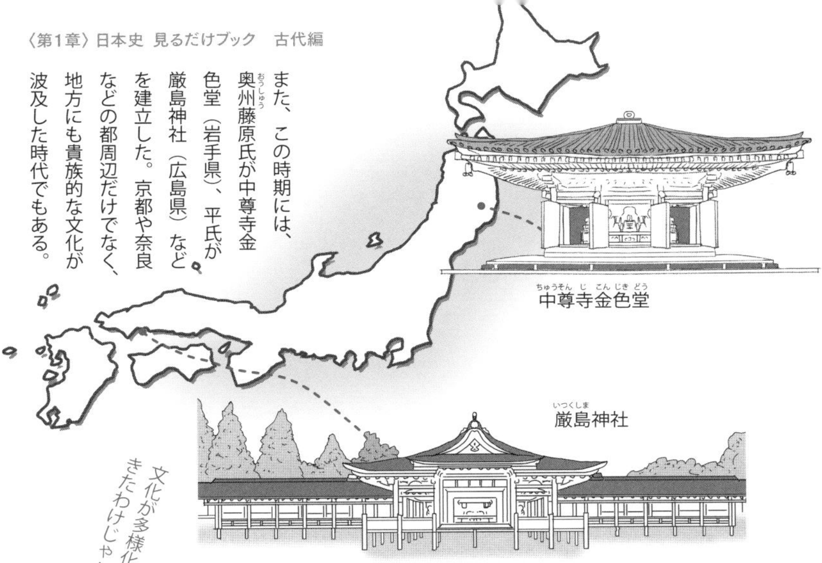
中尊寺金色堂
厳島神社

文化が多様化してきたわけじゃ！

一方で、さまざまな文化が貴族だけのものでなく、武士や庶民へと少しずつ広がりを見せた時代でもある。

庶民
武士
貴族

♪遊びをせむとや生まれけむ～
梁塵秘抄

後白河法皇

後白河法皇は、民間で流行っていた「今様」などの歌謡にはまり、『梁塵秘抄』という歌謡集までつくった。

田楽や今様など民間で流行したものが貴族や武士たちの間で流行したこともある。

「田楽」は、もともとは田植えの時などに行なわれていた。

『古事記』と『日本書紀』の違い

現存する日本最古の歴史書は『古事記』です。一方、その8年後に成立した『日本書紀』は日本最初の「正史(国が編集した正式な歴史書)」とされています。どちらも天之御中主神(あめのみなかぬしのかみ)が生まれ、イザナミ・イザナギが国づくりを行なうなどの神話から始まり、その子孫である天皇が政治を行なう様子までが記(しる)されています。この2つの本、いったいどんな違いがあるのでしょうか。

圧倒的に違うのは長さです。『古事記』はわずかに3巻ですが、『日本書紀』は全部で30巻の大作です。扱っている範囲も、『古事記』が33代推古天皇まで、『日本書紀』は41代持統天皇まで、と違っています。

違いが際立つのは、記述の細かさ。『日本書紀』のほうがとても細かく記しています。たとえば神話部分では、『日本書紀』はひとつの神話を紹介した後に、その神話に関する別の説(異説)や追加のエピソードなどをつけ加えています。いろいろな説を知ることができてためになるのですが、少々話の流れが複雑になっているので、ひとつのストーリーとして読める『古事記』のほうが読みやすいともいえるでしょう。

天皇の事績に関しても、『日本書紀』のほうが詳しく、「○月○日に、天皇がこんなことを語った」といった記述が登場します。聖徳太子が作成したという『憲法十七条』の話や大化の改新、壬申の乱の経緯なども細かく書かれており、歴史の教科書で習う古代の出来事の多くは『日本書紀』が元になっています。

一方、『古事記』は、3巻中、1巻が神話で、天皇の事績はあまり詳しくありません。推古天皇まで描かれていますが、推古天皇の箇所に聖徳太子の話は一切登場していないのです。

Nihonshi Mirudake Book

〈第2章〉

日本史
見るだけブック
中世編

天下人

25 源平合戦
（1180～1185年）

わが物顔に政治を行なう平氏一門に対し、ついに全国の源氏が兵を挙げた！　数々の悲喜劇を繰り返しながら、やがて平氏は追い込まれ、壇ノ浦の海に沈む。次は源氏の天下が訪れるのである。

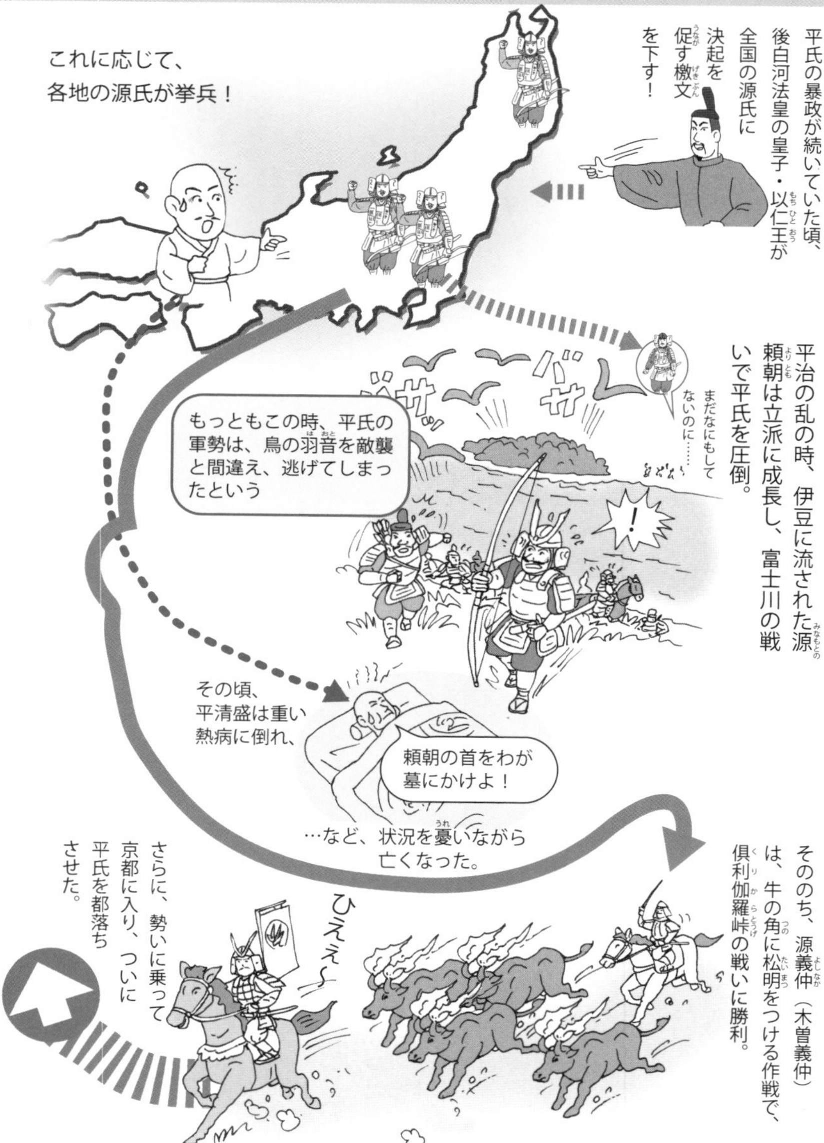

平氏の暴政が続いていた頃、後白河法皇の皇子・以仁王が全国の源氏に決起を促す檄文を下す！
これに応じて、各地の源氏が挙兵！
平治の乱の時、伊豆に流された源頼朝は立派に成長し、富士川の戦いで平氏を圧倒。
まだなにもしてないのに……
バサー
ザザッ
もっともこの時、平氏の軍勢は、鳥の羽音を敵襲と間違え、逃げてしまったという
！
その頃、平清盛は重い熱病に倒れ、
頼朝の首をわが墓にかけよ！
…など、状況を憂いながら亡くなった。
そののち、源義仲（木曽義仲）は、牛の角に松明をつける作戦で、倶利伽羅峠の戦いに勝利。
ひえぇ～
さらに、勢いに乗って京都に入り、ついに平氏を都落ちさせた。

しかし、入京した義仲の軍勢は、略奪を行なうなどしたため、後白河法皇の顰蹙を買い……

木曽義仲
後白河法皇

法皇の命で頼朝が派遣した頼朝の弟・義経、範頼の軍に敗北。義仲は討ち死にを果たす。

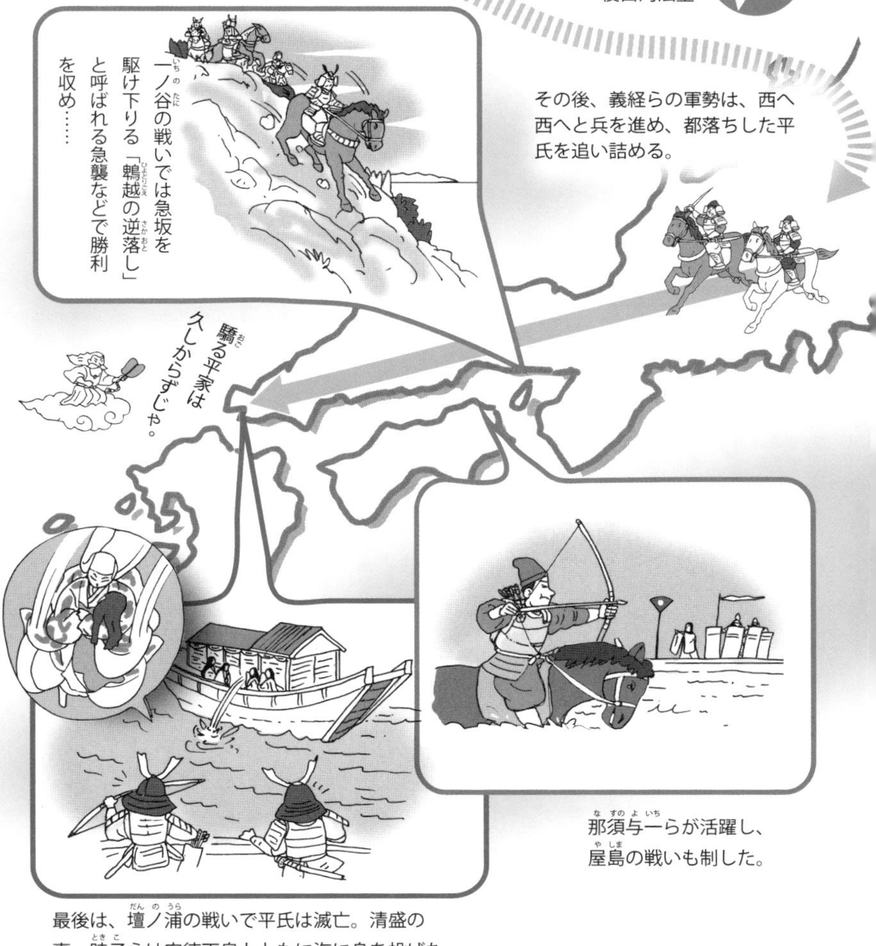
一ノ谷の戦いでは急坂を駆け下りる「鵯越の逆落し」と呼ばれる急襲などで勝利を収め……
その後、義経らの軍勢は、西へ西へと兵を進め、都落ちした平氏を追い詰める。
驕る平家は久しからずじゃ。
那須与一らが活躍し、屋島の戦いも制した。

最後は、壇ノ浦の戦いで平氏は滅亡。清盛の妻・時子らは安徳天皇とともに海に身を投げた。

26 鎌倉幕府の成立
(1185年〜)

源平合戦を制した源頼朝は、征夷大将軍となり鎌倉幕府をつくった。日本初の本格的な武家政権の誕生だが、当初はさまざまな事件も起き、安定するまでには時間を要することとなる。

源平合戦を制した源氏の棟梁(とうりょう)・源頼朝は……

源頼朝(よりとも)

仲違(なかたが)いした弟の義経も自害に追い込み……

武蔵坊弁慶(むさしぼうべんけい)
源義経(よしつね)

武士を統括する権利を得、征夷大将軍(せいいたいしょうぐん)として鎌倉幕府を開いた。

源頼朝

しかし、壇ノ浦の戦いから14年で死去。落馬が原因ともいわれる。

清盛の天下より、
短くない？

その後は、頼朝の長男・頼家が2代将軍に就任したが……

源頼家(よりいえ)

すぐに、母の実家・北条氏との争いに敗れ、幽閉されたのち殺された。

父の死後、
5年で亡くなりました

源氏の天下は34年(1185〜1219年)、平氏は26年(1159〜1185年)くらいじゃな。

今度は頼家の弟・実朝が3代将軍に就任したが……

源実朝(さねとも)

27歳になる前に暗殺された。暗殺者は頼家の子であった。

甥(おい)に殺されちゃったわけね

1221年、源氏の家系が3代で絶えてしまった鎌倉幕府にさらなる試練が襲いかかる。

後鳥羽上皇

幕府を倒すべく、後鳥羽上皇が兵を挙げた。「承久の乱」である。

絶体絶命のピンチの中、頼朝の未亡人・北条政子は……

頼朝さまの御恩は山より高く、海より深い。敵を討ち取り、三代将軍の恩に報いてほしい。

この演説に、幕府側の武士たちは涙し、俄然やる気を出した。

こうして幕府軍は、上皇軍を返り討ちにし、後鳥羽上皇は配流となった。

以降、幕府は、皇族や藤原摂関家の人物を将軍に迎えつつ……

北条家の人間が、将軍を補佐する「執権」という職につき、幕府の実権を握ることになる。

御成敗式目

北条泰時

北条義時

27 鎌倉文化
(1185年頃〜1333年頃)

鎌倉時代には多様な文化が栄えたが、その中でも鎌倉新仏教の勃興は押さえておきたい。その他、運慶・快慶などの仏師が活躍した彫刻や絵画、文学の分野でも傑作が生まれていった。

仏教には「末法思想」と呼ばれるものがあり……
釈迦の死から2000年経つと、末法の世となり、世界は乱れると説かれていた。
正法 1000年間
像法 1000年間
末法 10000年間
末法の始まりは1052年とされた。
実際に1051年から「前九年合戦」という反乱事件が起こり……その後も
1083年 後三年合戦
1086年 院政開始
1156年 保元の乱
1159年 平治の乱
1180年〜 源平合戦
と、乱世が続く……。貴族は寺をつくるなどして極楽往生を願ったが……
末法に入った翌年に完成した平等院鳳凰堂
金もない、修行する時間もない。わしら庶民は地獄行きかい！
安心しなさい！
浄土宗
法然
「南無阿弥陀仏」と念仏を唱えるだけでよいのです
時宗
一遍
なんなら踊りながら、念仏を唱えてもよいです
臨済宗
栄西
座禅をなさい
浄土真宗
親鸞
そうそう。悪人だって救われますぞ
日蓮宗
日蓮
いやいや「南無妙法蓮華経」の題目を唱えなさい
曹洞宗
道元
ただひたすら座禅じゃ

寺を建てたり、出家して厳しい修行を行なったりする必要もないこれら鎌倉新仏教は庶民にも広まった。また、その精神性が気風にあったのか、禅宗は武士に受け入れられ、幕府の保護を受け、発展した。

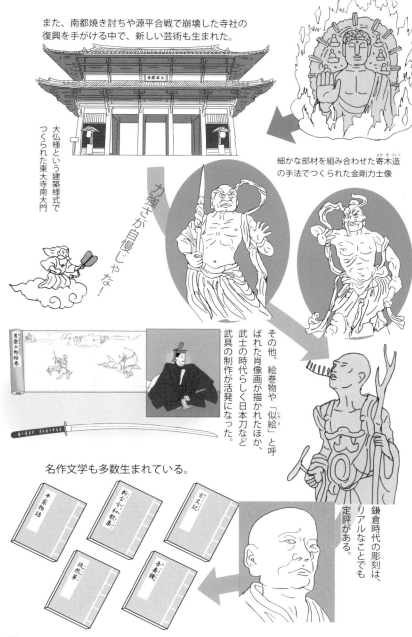

また、南都焼き討ちや源平合戦で崩壊した寺社の復興を手がける中で、新しい芸術も生まれた。

大乗寺

大仏様という建築様式でつくられた東大寺南大門

細かな部材を組み合わせた寄木造（よせぎづくり）の手法でつくられた金剛力士像

力強さが自慢じゃな！

男衾三郎絵巻

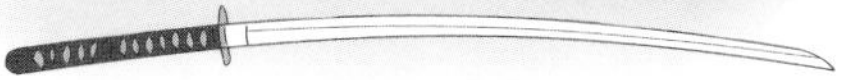

その他、絵巻物や「似絵（にせえ）」と呼ばれた肖像画が描かれたほか、武士の時代らしく日本刀など武具の制作が活発になった。

名作文学も多数生まれている。

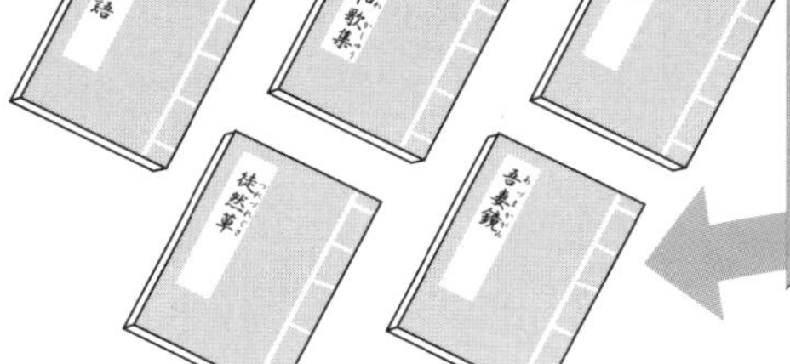
平家物語
新古今和歌集
方丈記
徒然草
吾妻鏡

鎌倉時代の彫刻は、リアルなことでも定評がある。

28 蒙古襲来（もうこしゅうらい）
（1274年・1281年）

ユーラシア大陸を席巻し、世界最大の帝国をつくり上げたモンゴル軍が、ついに日本海を越えて攻めてきた！ 迎え撃つ8代執権北条時宗率いる鎌倉幕府の運命と、その後の動きとは？

日本で鎌倉幕府が体制を整えていた頃、大陸で大きな動きがあった。チンギス・ハンを祖とするモンゴル帝国が大躍進し、中国から東ヨーロッパに至る大帝国をつくり上げたのである。

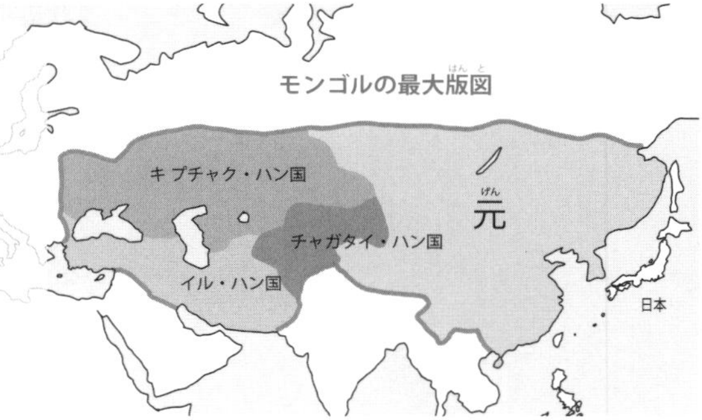
モンゴルの最大版図
キプチャク・ハン国
元
チャガタイ・ハン国
イル・ハン国
日本

帝国はやがていくつかに分裂し、中国は元が統治することになる。その元が、日本にも触手を伸ばしてきたのだ。

元の皇帝・フビライは日本に服属を再三迫ったが……

時の執権・北条時宗は、これをはねつけた。

子分になれ！
お断り！
北条時宗

1274年、怒った元は約900隻、2万8000の兵で襲ってきた！（文永の役）

日本の武士たちは、短く機動性のある元軍の弓や火薬を使った武器「てつはう」などに悩まされたが……

てつはう
モンゴルの弓

武士らの奮闘に加え、元軍の内部対立などもあり、やがて元は兵を引き上げた。

しかし、これでは安心できず、幕府が2度目の襲来に備え、石塁（せきるい）などを築かせたところ……

北条時宗

1281年、今度は前回の5倍に当たる約14万の大軍勢で元が押し寄せてきたのである。（弘安（こうあん）の役（えき））

これに対し、日本軍は、小舟で元の船に乗り込み、夜襲をかけるなどの戦略で応戦。

そこに、台風と思われる暴風雨が襲い、元軍は壊滅的な損害を被（こうむ）った。

これはのちに「神風（かみかぜ）」と呼ばれたのじゃ。（ワシとは関係ないがのー）

こうして幕府は二度の蒙古襲来を防いだのだが……

北条時宗

心労からか、北条時宗はその後、わずか3年ほどで死去。満33歳の誕生日を迎える前だった。

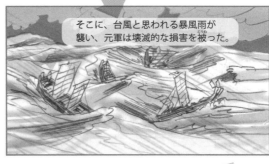

しかも、当時は３度目の襲来に備える必要もあったし、活躍した武士に恩賞をあげたくても、元から金がもらえるわけでもなく……

No money!

このち、幕府も武士も困窮し、力が衰え始める。

29 鎌倉幕府の滅亡
（1333年）

蒙古襲来を機に、徐々に衰退の色が見え始めた鎌倉幕府。そこに倒幕に命をかけた後醍醐天皇の情熱が加わり、ついに140年以上続いた鎌倉幕府は滅亡する。ここでも活躍したのは武士たちだった。

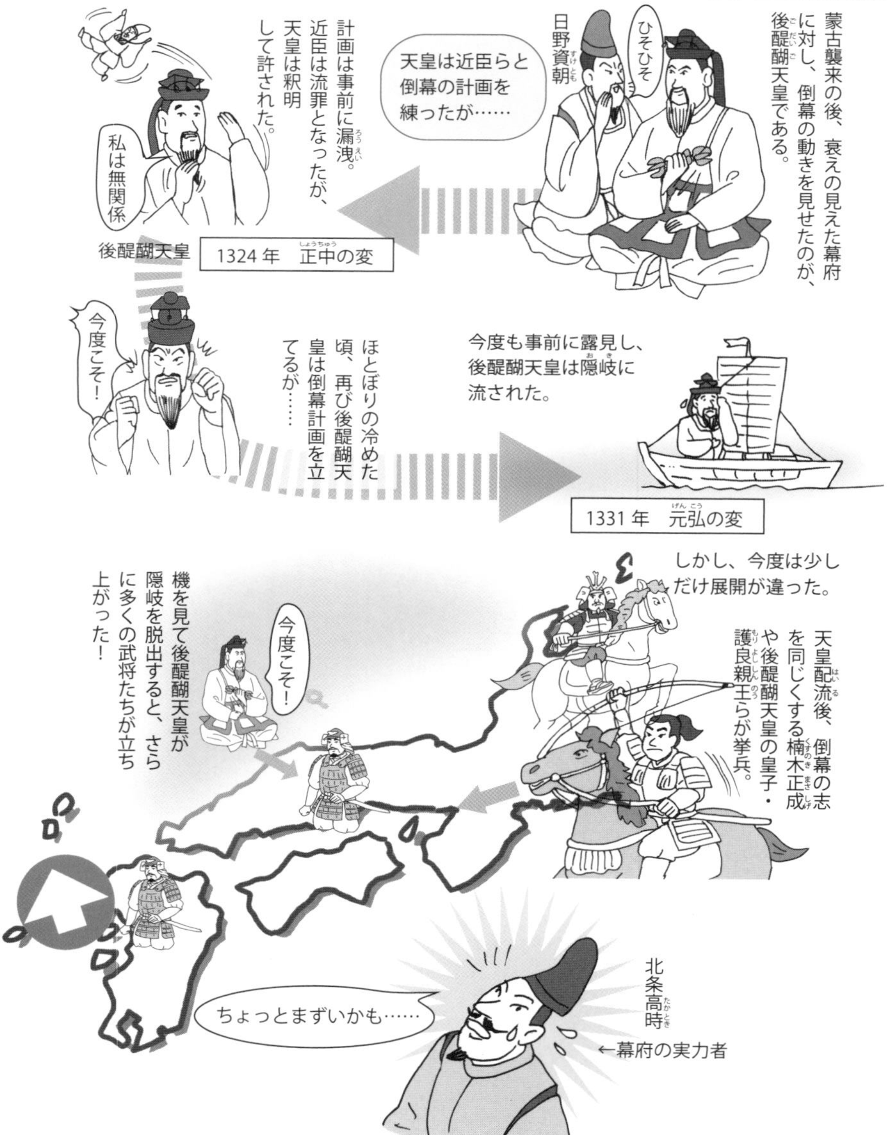

蒙古襲来の後、衰えの見えた幕府に対し、倒幕の動きを見せたのが、後醍醐天皇である。
日野資朝
ひそひそ
天皇は近臣らと倒幕の計画を練ったが……
計画は事前に漏洩。近臣は流罪となったが、天皇は釈明して許された。
私は無関係
後醍醐天皇
1324年　正中の変
ほとぼりの冷めた頃、再び後醍醐天皇は倒幕計画を立てるが……
今度こそ！
今度も事前に露見し、後醍醐天皇は隠岐に流された。
1331年　元弘の変
しかし、今度は少しだけ展開が違った。
天皇配流後、倒幕の志を同じくする楠木正成や後醍醐天皇の皇子・護良親王らが挙兵。
機を見て後醍醐天皇が隠岐を脱出すると、さらに多くの武将たちが立ち上がった！
今度こそ！
北条高時
←幕府の実力者
ちょっとまずいかも……

北条高時
行け〜!高氏!
鎌倉幕府は、乱の鎮圧のため、有力武将・足利高氏を派遣した。
おまえには、ワシの名から「高」の一字を与えておるのだぞ……
つよそ…
冷や汗……
ところが!
クルッ!
足利高氏は幕府を裏切り、京都にあった幕府の出先機関・六波羅探題を攻めたのである!
しかも、その直後、関東でも有力武将・新田義貞が挙兵!
新田義貞
マジ?
北条高時
「執念」の勝利かのー
新田らは鎌倉に入り、北条高時ら北条一門を自害に追い込んだ。
北条高時
ワシの「高」は?
よくやった!
こうして鎌倉幕府は滅亡。殊勲の足利高氏は、後醍醐天皇の名「尊治」から一字もらい、「足利尊氏」と改名した。
足利尊氏
後醍醐天皇

30 建武の新政
（1333～1336年）

念願の鎌倉幕府打倒を果たした後醍醐天皇は、ついに天皇親政に乗り出した。しかし、その政治は、武士などの要求を満たしたものとはいえず、各所から不満の声が上がった。そこで立ち上がったのが足利尊氏である。

鎌倉幕府を倒した後醍醐天皇は、新たに独自の政治路線を歩もうとした。
後醍醐天皇
実は、後醍醐天皇が隠岐に流された時、鎌倉幕府の後押しで別の天皇（光厳天皇）が即位していたのだが……
光厳天皇
後醍醐天皇は、すぐに光厳天皇を廃位とし、その治世すら認めなかった。
天皇
記録所
恩賞方
雑訴決断所
後醍醐天皇は、記録所、恩賞方、雑訴決断所などの中央官庁をつくったが、そこに登用されたのはほとんどが公家で、武士は楠木正成などごく一部に限られるなど、武士への恩賞は少なかった。
ピク!
武士の怒りメーター
ワシが文章を発行しない限り、土地の領有は認めない！
今までの方針を急に変えるなんて！
猛反対により、この方針は修正されたが……。
ピク!!
武士の怒りメーター
やっぱり、内裏を新しくしないとね！ 費用集め、よろしく！
不満がワシらのところに来るじゃん！
ひどい！
増税？
ピク!!!
武士の怒りメーター

こうして武士や農民らの不満が高まる中、後醍醐天皇に反旗を翻したのが……
足利尊氏だった。
一時は天皇方の軍に敗れ、九州まで退いた尊氏だったが……
光厳上皇
足利尊氏
院宣をもらって、光厳上皇を味方につけ、朝敵の汚名をまぬがれると……
再び上洛し、今度は湊川の戦いで楠木正成を破る！
光明天皇
足利尊氏
こうして京都を制圧した尊氏は、光厳上皇の弟・光明天皇を擁立
忠臣・楠木正成は弟と刺し違えて自害した。
後醍醐天皇は、奈良県の吉野へ逃れたが……
三種の神器を持っているのだから、私が正式な天皇じゃ！
と、自らの正統性を主張。
後醍醐はいったん、三種の神器を北朝に渡したのだが、のちに「それは偽物だ」と主張したのじゃ。
こうして、光明天皇の北朝と後醍醐天皇の南朝が並立する南北朝の時代が訪れたのである。

31 室町幕府と南北朝

（1338〜1392年）

後醍醐天皇に対して反旗を翻した足利尊氏は、やがて征夷大将軍となり室町幕府を開く。しかし、南朝との争いはその後も続き、幕府内では内部対立も続くなど、政局はなかなか安定しなかった。

南北朝分裂後も両者の戦いは続いた。

しかし、1338年、石津の戦いで北畠顕家、藤島の戦いで新田義貞が戦死。南朝側の有力武将が倒れた

そして、同年、足利尊氏は征夷大将軍となり、室町幕府の歴史が始まっていく。

その翌年、後醍醐天皇はこの世を去る。２つの幕府の時代を生き、親政も行なった波瀾万丈の人生だった。

ちなみに、足利尊氏は、後醍醐天皇の死の直後から、その菩提を弔うために、大きなお寺の建立を始めている。建立資金が足りなくなると、蒙古襲来以来行なわれていなかった元との貿易までして費用を賄ったという。こうしてできたのが、世界遺産にも登録されている「天龍寺」である。

後醍醐天皇の後は、皇子が後村上天皇として即位し、南北朝の争いは続いた。

１３４８年、四条畷の戦いでは、尊氏の側近・高師直らが楠木正成の遺児・正行を戦死させている。

勢いに乗った高師直は、その後、躊躇なく吉野の皇居を焼き払った。こうして、師直らの活躍により幕府・北朝側がやや優勢となる。

しかし、その後、高師直と尊氏の弟・
足利直義との対立が表面化。
足利尊氏
困ったな……
高師直
足利直義
足利直冬
（直義の養子）
結果的に幕府は、足利尊氏＋高師直派と足利直義＋直冬派に
内部分裂して争うことになった（観応の擾乱）。
高師直
高師直が戦で
敗れて亡くなったりしたが……
その後、
直義が南朝と
結んだり……
後村上天皇
足利直義
骨肉の争いが
続いたのじゃ。
足利尊氏
許せ……
足利直義
結果的には、戦に敗れた足利
直義が降伏後、命を落として
観応の擾乱は終わる。死因は
尊氏による毒殺だといわれて
いる。
足利義詮
はっ！
後は頼む
足利尊氏
その後、直義の死から6年して足利尊
氏も死去。息子の義詮が2代将軍とな
っても対立は続いた。最終的には、
1364年、直冬派の武将が降伏、直冬
は消息不明となって幕府の内部分裂
は終息したのである。
しかし、その後も
直義の養子である直冬派の人々の
抵抗は続いた。この直冬は、もと
もとは尊氏の長男だったのだが、
直義の死後も南朝と結ぶなどして、
生涯、尊氏らと対立を続けた。
母の身分が低いからと
いって、実の父（尊氏）
に冷たくされたのだ

32 足利義満の時代
（1368〜1408年）

室町幕府の黄金時代をつくり出した足利義満。守護大名を抑え、南北朝の合一などを果たした義満は、皇族や貴族をも凌駕するほどの権威を身につけ、「日本国王」としてふるまったのである。

室町幕府の設立当初は、幕府内部での対立が激化し、さらに南北朝の対立も続いていた。その状況下、幕府をまとめ上げたのが、３代将軍足利義満である。

生まれ変わり？

義満が生まれたのは、１３５８年。奇しくも祖父であり、室町幕府初代将軍であった足利尊氏死去の約４カ月後であった。

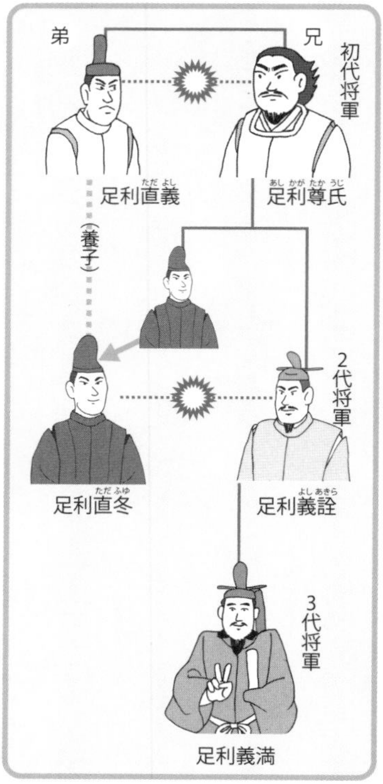

弟
兄
初代将軍
足利直義
足利尊氏
（養子）
2代将軍
足利直冬
足利義詮
3代将軍
足利義満

その後、1368年には、父の２代将軍足利義詮が没。わずか10歳で将軍となる。

細川頼之

当初は、将軍を補佐する「管領」という職にあった細川頼之が実質的に政治の中心だったが……

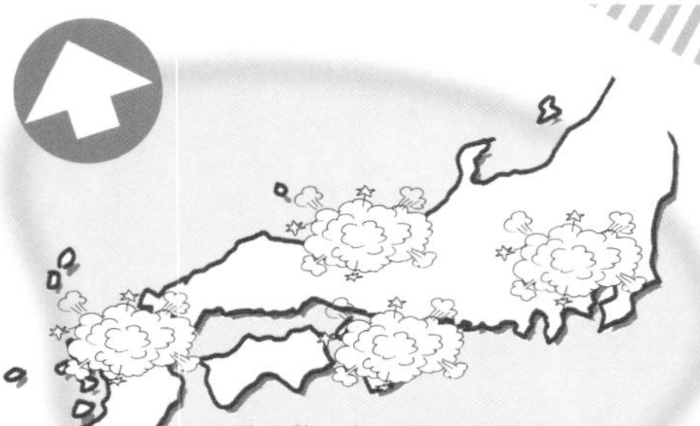

義満は、20歳を過ぎた頃に、細川頼之を辞めさせ、独裁体制を築き始める。

その後、何カ国も守護を兼ねるなど、力が強くなりすぎた守護大名を挑発しては弾圧を繰り返し、将軍の権力増大を図った。

足利義満

その間、義満はもう一つ大きな仕事に取りかかる。南北朝の合一である。

義満は南朝の後亀山天皇に対し

三種の神器を渡して、北朝の後小松天皇に譲位してください
そうしたら、その後は南朝出身の天皇、その次は北朝、と交互に即位するようにしますから……
足利義満

と提案する。

後亀山天皇
……

劣勢にあった南朝の後亀山天皇は、この条件を飲み、三種の神器を渡して譲位した。ここに半世紀以上も続いた南北朝の騒乱は終わりを告げたのである。

……

足利義満
後小松天皇

その後、義満は将軍職を息子に譲り、太政大臣に就任する。武士としては、あの平清盛以来である。

ちなみに、義満の死後のことだが、次の天皇になったのは、後小松天皇の皇子。

称光天皇

北朝、南朝が交互に皇位に就くという約束は守られなかった。

そもそも義満自身が約束を守る気はさらさらなかったともいわれている。

のちに後亀山天皇は「(約束が守られる保証もないのに)なぜ譲位などしたのか?」と問われた時、

国民の苦しみや憂いをなくしたかった
後亀山天皇

と述べたという。

自分か息子を天皇にしようとしたともいわれておる。

さらに義満は、中国(明)との貿易(勘合貿易・日明貿易)も行ない、室町幕府の最盛期を築いたのである。

33 惣村と一揆
（14〜15世紀）

守護大名の勢力が強まってきた14世紀頃から、農民たちが自治的組織である「惣（村）」をつくり、支配者層への対抗勢力となっていった。それらはやがて「一揆」という実力行使も行なうようになる。

農民たちは、しばしば戦乱や領主らの苛政に苦しめられてきたが……

やがて生産力の向上などを背景に、「惣」、「惣村」と呼ばれる組織をつくり、自治的活動を行なっていった。

惣村の仕組み

愁訴

時には、年貢の減免や借金の棒引きなどを領主にお願いに行き……

リーダー

地侍

「乙名」、「沙汰人」などと呼ばれる地侍層（侍身分の有力農民）

寄合

「寄合」と呼ばれる会議を開き……

一揆

受け入れられない時は、集団行動などを行なった。

入会地

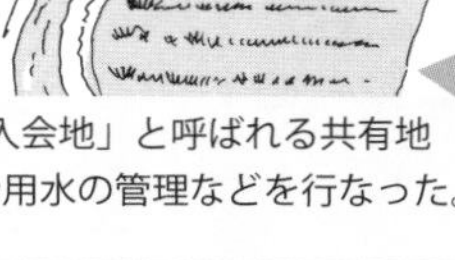

「入会地」と呼ばれる共有地や用水の管理などを行なった。

掟

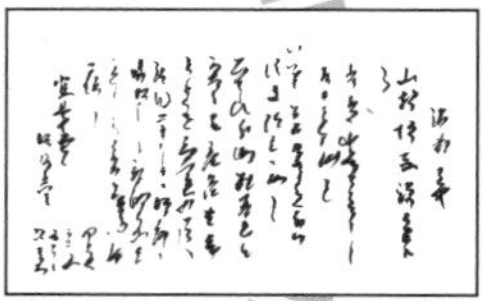

「惣掟」、「村掟」などと呼ばれる決まりをつくったり……

1428年、5代将軍足利義持が、後継を指名せずに没する。

足利義持

その後、弟の義教が、**くじ引き**で次の将軍に決まる。

足利義教
おみくじ

その時、事件は起きた！

近江の**馬借**が「**代始めの徳政**」を求め、一揆を起こしたのである。

徳政とは……
本来は「善政・仁政」の意。この時期には、借金等の破棄を意味する。将軍代替わりでゴタゴタしている時に乗じて借金棒引きを要求したのだ。

馬借とは……
馬を使った運送業者。マスコミなどなかった時代、流通業者は噂や情報をいち早く聞きつけることができ、一揆の先駆けともなった。

この「正長の土一揆」は、近江から近畿各地へと波及していった。

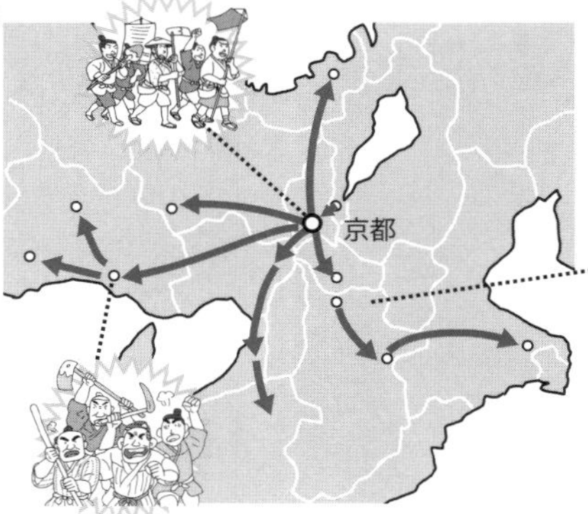
京都

以降も、一揆はたびたび起こり、1485年の山城の国一揆、1488年の加賀の一向一揆などでは、領主（守護）を破り、一定期間、農民が自治を行なう結果となった。

一揆から約100年、加賀は「百姓の持ちたる国」と呼ばれたのじゃ。

34 北山・東山文化
（14世紀末〜16世紀前半）

室町時代にはさまざまな文化が栄えた。室町幕府の最盛期をつくり上げた3代将軍足利義満の時代の「北山文化」と、応仁の乱を起こした8代将軍足利義政の時代の「東山文化」を見ていこう。

北山文化

北山文化を代表する建築物が「金閣寺（鹿苑寺舎利殿）」。１層は寝殿造、２層は和様（奈良・平安時代から続く日本の伝統的建築様式）、３層は鎌倉時代に禅宗とともに伝わった禅宗様でつくられており、外だけでなく中面にもたくさんの金箔が使われている。

足利義満
金閣寺

また、義満は、10代の頃、能（猿楽）を見て感動！

足利義満

特に自分より幼い子役の演技に惚れ、以来熱心に支援した！

あの子はいいぞ！

世阿弥

この少年が世阿弥。能は幕府の保護を受け大きく発展した。

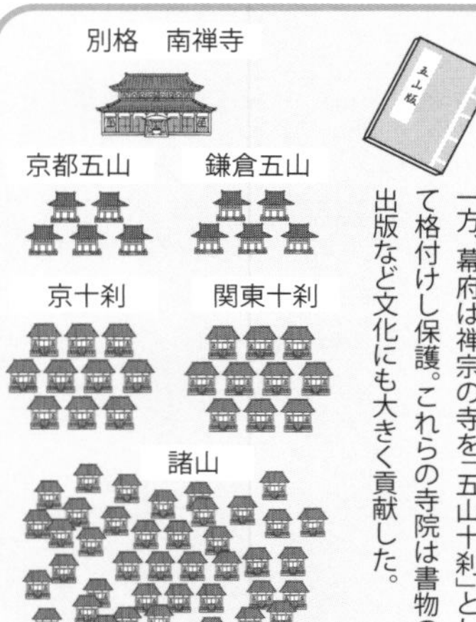
別格　南禅寺
京都五山
鎌倉五山
京十刹
関東十刹
諸山
五山版

一方、幕府は禅宗の寺を「五山十刹」として格付けし保護。これらの寺院は書物の出版など文化にも大きく貢献した。

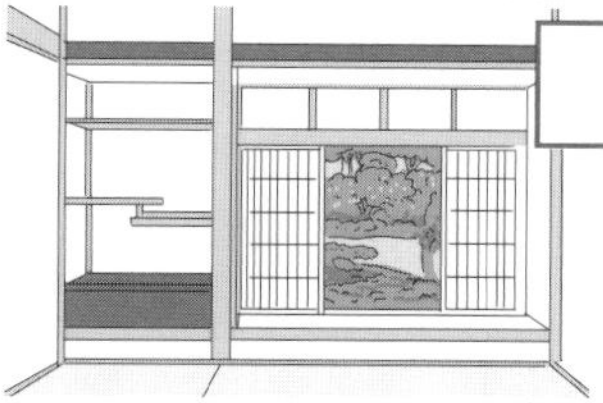

東山文化

足利義政
銀閣寺

東山文化を代表する建築物が「銀閣寺（慈照寺観音殿）」。また、慈照寺の東求堂は、書院造という建築様式が用いられていることで有名。書院造は日本建築のもとになったという。

この頃、ある小坊主が、修行もしないで絵ばかり描いていたので、

小坊主

住職に怒られ、柱に縛りつけられた。

すると、この小坊主は、こぼれ落ちる涙を使って、足でネズミの絵を描いた。

その絵があまりに本物そっくりだったのと、その熱心さが認められ、以降、小坊主が絵ばかり描いていても怒られることはなくなったという。

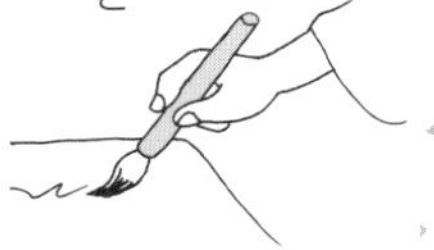

成人しても絵に対する情熱が消えなかったその人は、やがて本場中国で水墨画を学んだ。

雪舟

多くの水墨画の傑作を遺した雪舟のエピソードである。

また、この時期、**華道**や**茶道**などが発展の兆しを見せている。

現代人が「日本的な文化」と感じるものの多くが室町時代に発展したのじゃ！

35 応仁の乱
（1467〜1477年）

1467年、応仁の乱が勃発する。京の都を中心に起こった、前代未聞といえるほどのこの大乱によって、京の町は荒廃、室町幕府の権威も地に落ちる。時代はいよいよ戦国の世を迎えるのである。

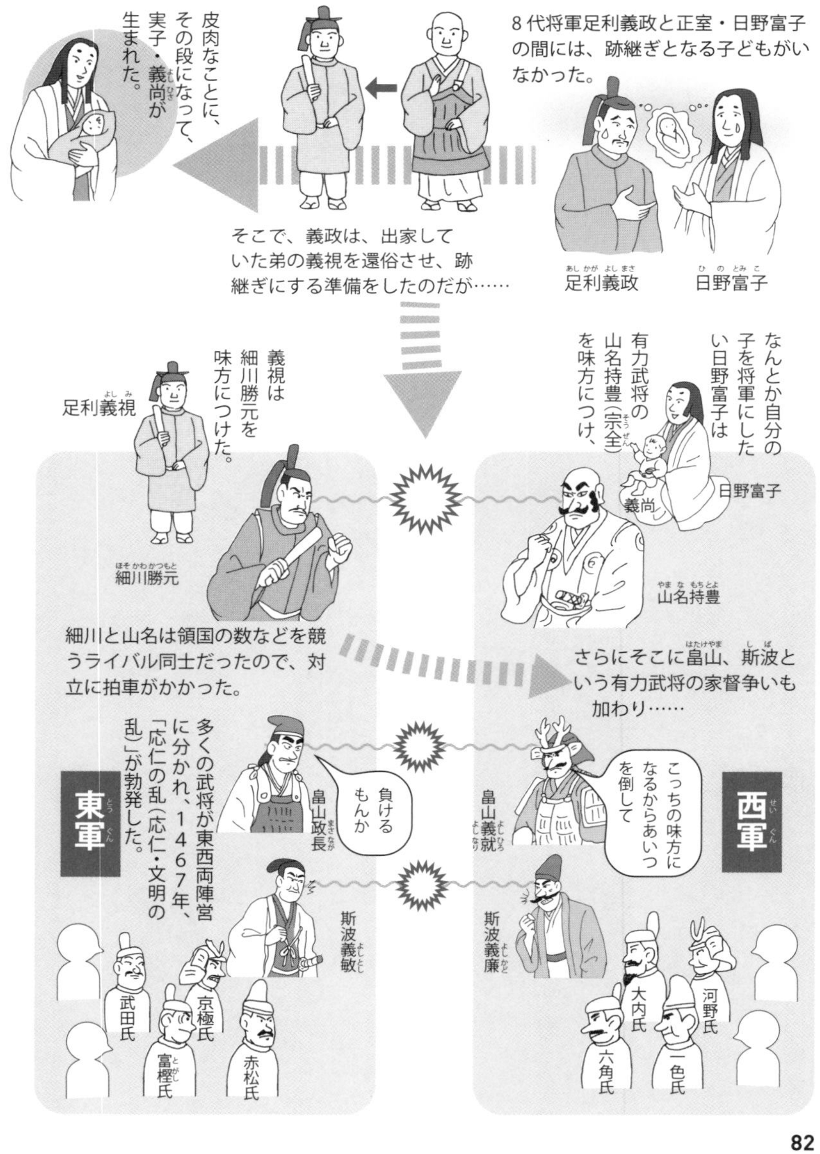

8代将軍足利義政と正室・日野富子の間には、跡継ぎとなる子どもがいなかった。
足利義政
日野富子
そこで、義政は、出家していた弟の義視を還俗させ、跡継ぎにする準備をしたのだが……
皮肉なことに、その段になって、実子・義尚が生まれた。
なんとか自分の子を将軍にしたい日野富子は有力武将の山名持豊（宗全）を味方につけ、
義尚
日野富子
義視は細川勝元を味方につけた。
足利義視
細川勝元
山名持豊
細川と山名は領国の数などを競うライバル同士だったので、対立に拍車がかかった。
さらにそこに畠山、斯波という有力武将の家督争いも加わり……
多くの武将が東西両陣営に分かれ、1467年、「応仁の乱」（応仁・文明の乱）」が勃発した。
東軍
西軍
畠山政長
負けるもんか
畠山義就
こっちの味方になるからあいつを倒して
斯波義敏
斯波義廉
武田氏
京極氏
富樫氏
赤松氏
大内氏
河野氏
六角氏
一色氏

乱は想定外の混戦となり、長引いた。
京の町の多くは焼け野原となり……
五山別格の南禅寺や清水寺も焼けた。
乱が始まって6年後の1473年、山名持豊が病没。
その2カ月後、ライバルだった細川勝元も病で亡くなった。
足利義尚
そして、その年の暮れには、義政が位を譲り、義尚が征夷大将軍となる。8歳の将軍誕生である
ところが！
それでも「応仁の乱」は終わらなかった。
負けるもんか
負けるもんか
畠山義就
畠山政長
畠山氏の権力争いなど武将同士の対立が続いていたのである。
しかし、戦いが長引くにつれ厭戦気分が高まるとともに、領国の支配もうまくいかなくなり、徐々に武将たちは京から領国へと兵を引いた。
だらだらと戦いは続いたのだ
こうして応仁の乱は10年以上の時を経て1477年終息したのである。

36 戦国大名の活躍
（1467～1568年頃）

長引いた応仁の乱の影響により、京の町は荒れ果て、幕府の権威は地に落ちた。その結果、各地に実力で領国を支配する戦国大名たちが現れ、互いに覇権を競い合う戦国時代が訪れたのである。

将軍
室町幕府の権力が強かった時は、所領のことなどは幕府が決めていたが……
←守護
応仁の乱の影響などで幕府の力が小さくなると……
こんな奴のいうこと、聞く必要なくない？
幕府を無視して、実力で領地を争う武将たちが現れた。
戦国武将
領地
領地
戦国武将

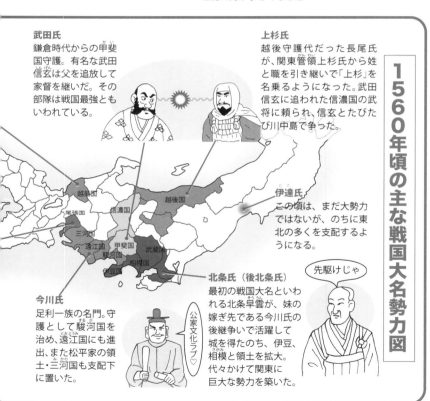

1560年頃の主な戦国大名勢力図

武田氏
鎌倉時代からの甲斐国守護。有名な武田信玄は父を追放して家督を継いだ。その部隊は戦国最強ともいわれている。

上杉氏
越後守護代だった長尾氏が、関東管領上杉氏から姓と職を引き継いで「上杉」を名乗るようになった。武田信玄に追われた信濃国の武将に頼られ、信玄とたびたび川中島で争った。

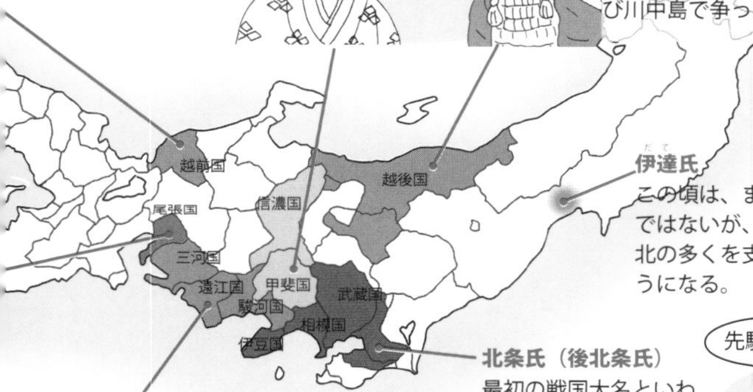

越前国
越後国
尾張国
信濃国
三河国
遠江国
甲斐国
武蔵国
駿河国
相模国
伊豆国

伊達氏
この頃は、まだ大勢力ではないが、のちに東北の多くを支配するようになる。

北条氏（後北条氏）
最初の戦国大名といわれる北条早雲が、妹の嫁ぎ先である今川氏の後継争いで活躍して城を得たのち、伊豆、相模と領土を拡大。代々かけて関東に巨大な勢力を築いた。

先駆けじゃ

今川氏
足利一族の名門。守護として駿河国を治め、遠江国にも進出、また松平家の領土・三河国も支配下に置いた。

公家文化ラブ♡

戦国大名

主君を殺害したり、追放したりして領国を手に入れる「下剋上」の風潮も目立ってきた。

主君

守護代
あれっのっとられてる?
地元

このようにして1国以上を支配するまでに成長した戦国武将のことを「戦国大名」という。

また、守護大名が京都にいるうちに留守を預かっていた部下の守護代が領国をのっとったり……

毛利氏
大内、尼子という大勢力の狭間で生きていた国人だったが、毛利元就の頃に頭角を現し、中国10カ国を領有するようになる。

兄弟3人仲よくな

毛利隆元
吉川元春
小早川隆景

朝倉氏
主君斯波氏の内紛に乗じ越前国を支配した。

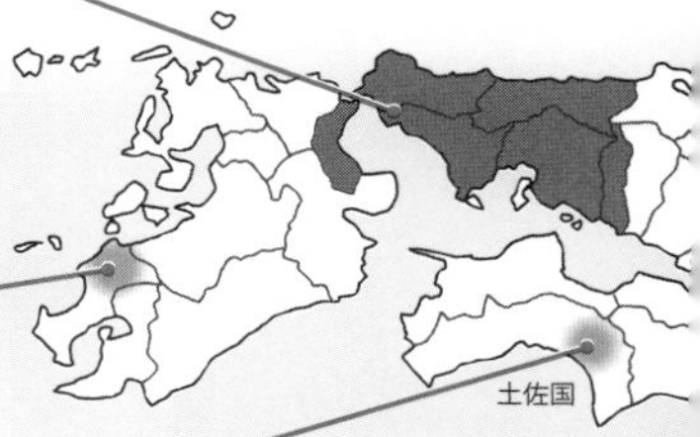
土佐国

島津氏
この当時は南九州の一勢力だが、やがて九州全土をほぼ支配下に入れるまでに成長する。

いつか四国をこの手に

長宗我部氏
この頃は、まだ土佐の小領主だが、やがて四国全土を平定することになる。

「大うつけ」じゃが、何か問題あるか?

織田氏
尾張守護代。
一族の争いを制して信長が、尾張国を平定。

まさに群雄割拠じゃ!

37 南蛮文化の渡来
（1543年・1549年〜）

戦国時代まっ盛りの16世紀半ば、日本と西洋との本格的な出会いが始まった。この出会いは、戦国の世の戦い方を変えるなど大きな衝撃を与えていく。きっかけとなる2つの事件を見ていこう。

15世紀からヨーロッパは大航海時代を迎えていた。

1492年、コロンブスはアメリカに到達し……

1522年、マゼラン一行が世界一周を果たした。

それから数十年ののち、ヨーロッパ人は極東の島国、日本へもたどり着いた。

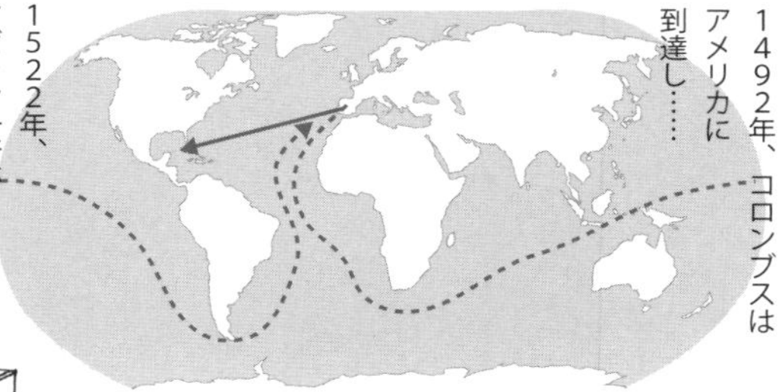

1543年、中国船に乗ったポルトガル人が種子島に漂着。

彼らが持っていたのが……

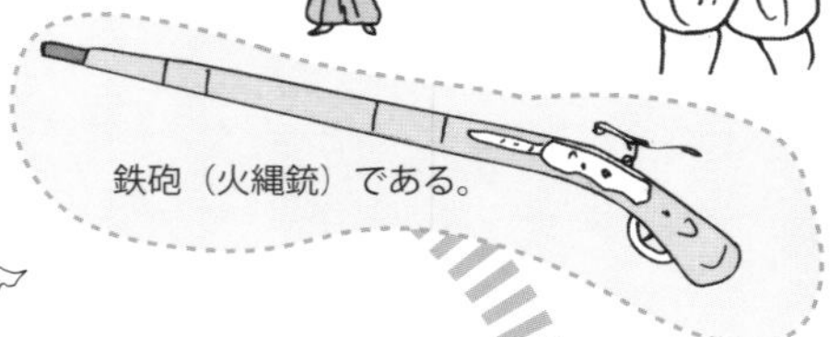

鉄砲（火縄銃）である。

西洋が日本の戦国時代を変えたのじゃ！

その威力に驚いた領主の種子島時堯は、銃を２丁買い求め……

島の職人に同じものをつくらせたという。

これが広まり、やがて銃は国友、堺、根来などで生産されるようになっていく。

国友
堺
根来

※種子島伝来以前に既に鉄砲が伝わっていたとする説もあり。

種子島への鉄砲伝来の6年後、来日したのが……宣教師ザビエルである。

※髪はハゲていないとするのが有力。

実はザビエルが子どもの頃、ヨーロッパで宗教改革が起き、

従来のカトリック（旧教）とは違うプロテスタント（新教）が生まれた。

プロテスタントの隆盛に対抗すべく、カトリックの若者が結成したのが「イエズス会」。ザビエルはその創立メンバーである。

彼らはカトリックの布教のため、積極的に海外にも出かけた。その一環でザビエルはインドや日本を訪れたのである。

ザビエルは、天皇や将軍には謁見できなかったが、九州や中国地方をまわり、キリスト教を布教した。

その後も何人もの宣教師たちが来日し、

戦国大名の中には、教会の設立を認めたり、自ら洗礼を受けたりする者（キリシタン大名）も現れた。

貿易
信仰

もっとも彼らの目的は、信仰というよりもヨーロッパと貿易すること（南蛮貿易）だったともいわれている。

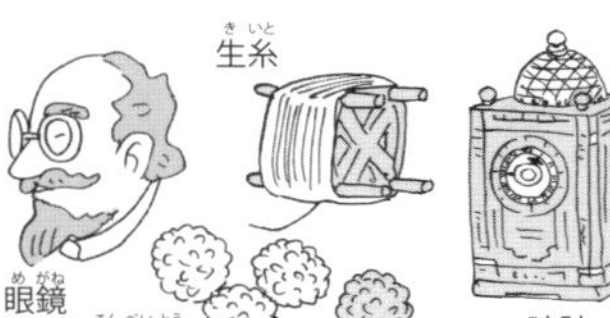
生糸
眼鏡
金米糖
時計

南蛮貿易では、硝石（火薬の原料）、生糸、絹などのほか珍しい西洋品ももたらされた。

38 桶狭間の戦い（1560年）

1550年代までは、それほど目立った存在とはいえなかった尾張国（愛知県西部）の織田信長。しかし、一つの合戦での勝利がその名を戦国の世に知らしめた。「桶狭間の戦い」の一部始終を見ていこう。

尾張国（愛知県西部）守護代一族の嫡男・織田信長は、若い時は、奇妙ないでたちで町を歩き、「大うつけ（愚か者）」と呼ばれていた。

しかし、17歳で家督を継ぐと、親族らとの戦いを経て8年かかって尾張を統一することに成功。

その翌年、事件が起こった。

駿河国（静岡県中部）を拠点とする大大名・今川義元が攻めてきたのだ！

織田信長
武田信玄
尾張国
遠江国
北条氏康
三河国
駿河国

織田軍 約3000！

VS

今川軍 約2万5000！

今川義元

駿河から、遠江、三河を支配下に入れた今川義元は、東の北条、北の武田と同盟を結び、後顧の憂いなく、隣国尾張へと攻め込んできたのである。

今川軍は、別働隊である松平元康らが織田軍の砦を落とすなどの快進撃を続けていた。

♪人間五十年、下天の内をくらぶれば～

そして、いよいよ今川軍が間近に迫った時、それまでろくに作戦などを部下に指示していなかった信長が、にわかに幸若舞を踊り……

わずかな供だけを連れ、今川本陣へと急きょ駆け出したのである！

殿！お待ちください！

その時、今川本陣は、大軍が動くには不利な地形である盆地で休息をとっていた。

そこに突然、ゲリラ豪雨が起こったと思ったら……

天も味方したか！

怒濤のように織田軍が急襲してきたのである。

ニヤッ。
織田信長

こうして、東海の大大名・今川義元は首をはねられ、織田信長は奇跡的な大勝利を収めたのである。

この時、別動隊として動いていた松平元康は、このうち落ち目となる今川方には戻らず、三河にある自分の城に入った。さらに、その後、かつての敵・織田信長と同盟する。彼こそが、のちの徳川家康である。

39 信長入京
（1568年）

織田信長が、足利義昭を擁して京への上洛を果たした。以降、時代は「安土桃山時代」といわれるようになる。時代を画すことになった戦国の一大事件について追ってみることにしよう。

桶狭間の戦いの5年後、13代将軍足利義輝が三好、松永らの手によって暗殺される事件が起こる。

足利義輝

その後、暗殺に関わった三好三人衆、松永久秀らは、別の人間を将軍にして、畿内の実権を握った。

ん？ 担がれているだけ？
足利義栄
松永久秀
三好三人衆

出家の身であった義輝の弟・覚慶は幽閉されたが、のちに、幕臣・細川幽斎らの手によって救い出された。

さっ、こちらへ
細川幽斎

彼は還俗して「義秋」と名を改め、

転々としたのち越前国（福井県北部）の朝倉義景を頼った。

義秋は朝倉に、一緒に京へ行って三好らをやっつけようと促したが……

天下取ろうよ
足利義秋
まあ、そのうち？
朝倉義景

朝倉は重い腰を上げなかった。

一方、将軍殺害から2年後、織田信長は妻・帰蝶の実家でもある斎藤家を攻略し、美濃国（岐阜県南部）を手中に収めた。

今川義元を倒し、尾張、美濃両国を治めた織田信長の名は、ますます天下に鳴り響くようになった。

ニヤッ。
織田信長
帰蝶（濃姫）

義秋が、朝倉の態度に業を煮やしていた頃、

足利義昭
「秋」が寂しい感じだからいかんのか？改名しよう！

越前に、美濃国出身の武将がいた。

信長夫人と顔見知りだったともいわれる彼は

細川幽斎とともに、足利義昭を織田信長に引き合わせた。この武将こそ、「明智光秀」である。

細川幽斎
明智光秀

足利義昭
よろしく頼む
お任せを！

こうして、織田信長は足利義昭を奉じて入京。

信長、明智、細川……みんなの後押しで将軍になれたのじゃ

信長の後援により足利義昭は室町幕府15代将軍となった。

途中で抵抗してきた六角氏を破ると……

三好三人衆は逃亡し……

今川と斎藤と六角を倒した奴だ！
勝てるわけない！

松永久秀は、降参して信長の配下に入った。

こうして信長は、尾張、美濃に続き、畿内にも足場を固めたうえ、足利将軍家の権威も利用できる立場となった。天下統一に大きく近づいたのである。

40 信長包囲網
（1568～1582年）

入京を果たしたといっても、世は群雄割拠の戦国時代。まだまだ信長の天下を認めるわけにはかない抵抗勢力が多数存在していた。入京後の信長に降りかかったさまざまな困難を見ていこう。

入京後も信長はさまざまな困難に見舞われた。

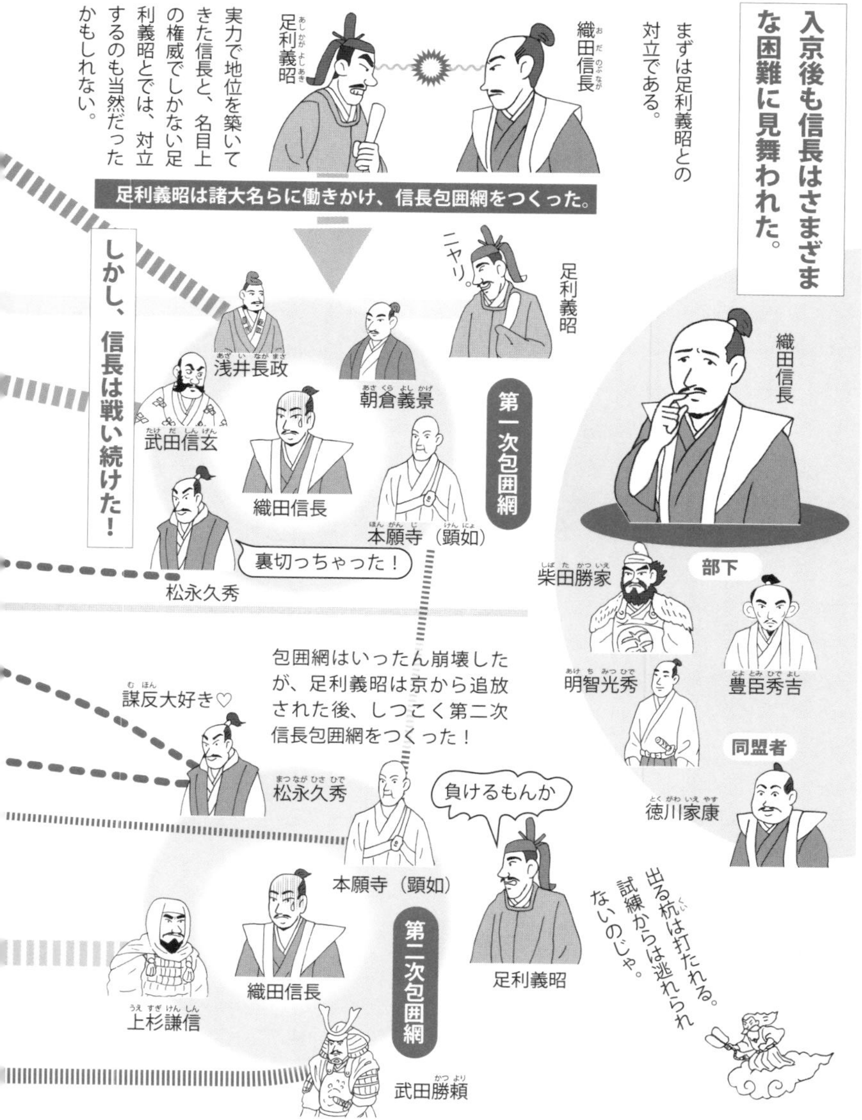

まずは足利義昭との対立である。
織田信長
足利義昭
実力で地位を築いてきた信長と、名目上の権威でしかない足利義昭とでは、対立するのも当然だったかもしれない。
足利義昭は諸大名らに働きかけ、信長包囲網をつくった。
しかし、信長は戦い続けた！
ニヤリ。
足利義昭
織田信長
浅井長政
朝倉義景
武田信玄
織田信長
本願寺（顕如）
第一次包囲網
裏切っちゃった！
松永久秀
柴田勝家
部下
明智光秀
豊臣秀吉
同盟者
徳川家康
包囲網はいったん崩壊したが、足利義昭は京から追放された後、しつこく第二次信長包囲網をつくった！
謀反大好き♡
松永久秀
負けるもんか
本願寺（顕如）
足利義昭
織田信長
上杉謙信
第二次包囲網
武田勝頼
出る杭は打たれる。試練からは逃れられないのじゃ。

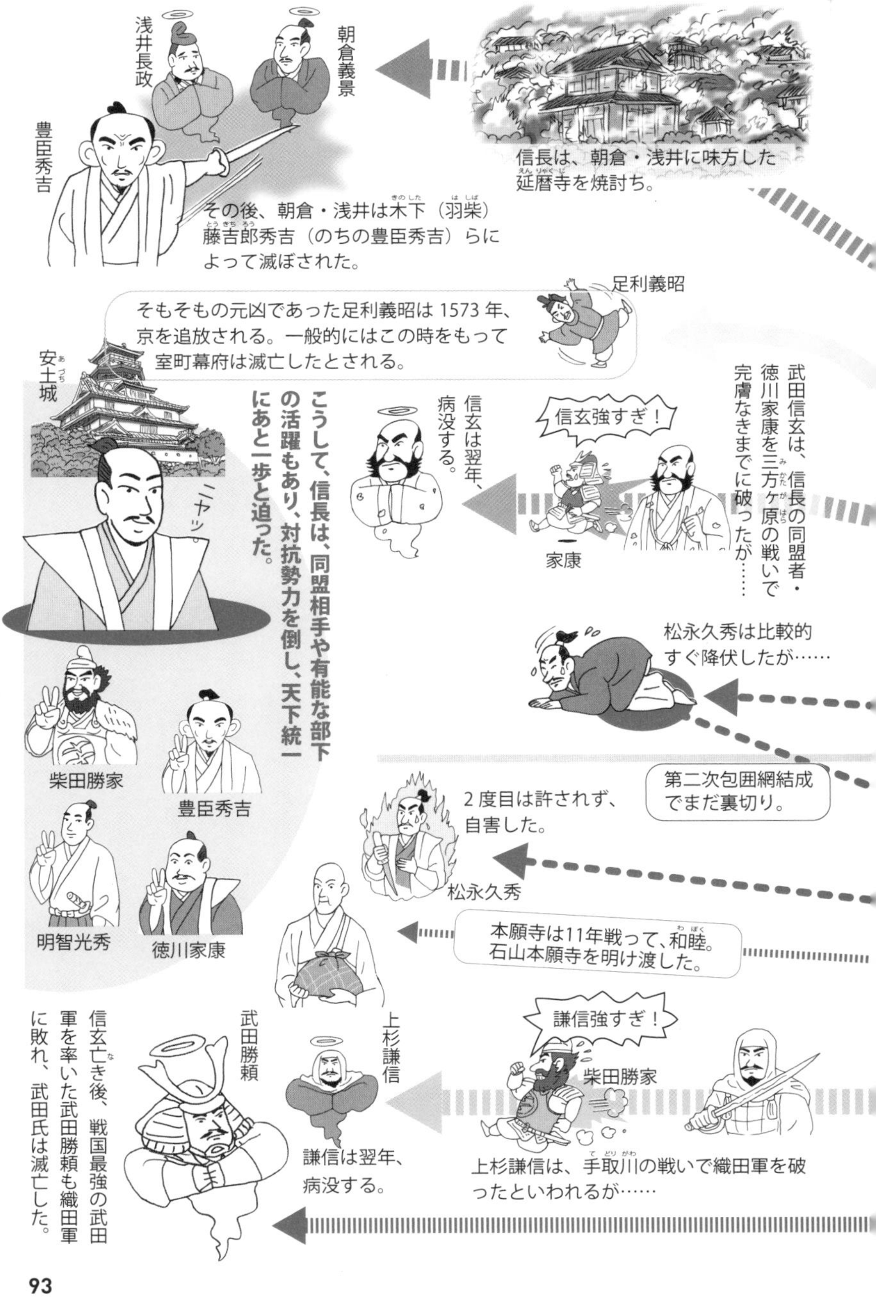
信長は、朝倉・浅井に味方した
延暦寺を焼討ち。
朝倉義景
浅井長政
豊臣秀吉
その後、朝倉・浅井は木下（羽柴）
藤吉郎秀吉（のちの豊臣秀吉）らに
よって滅ぼされた。
足利義昭
そもそもの元凶であった足利義昭は 1573 年、
京を追放される。一般的にはこの時をもって
室町幕府は滅亡したとされる。
武田信玄は、信長の同盟者・
徳川家康を三方ヶ原の戦いで
完膚なきまでに破ったが……
信玄強すぎ！
家康
信玄は翌年、
病没する。
松永久秀は比較的
すぐ降伏したが……
第二次包囲網結成
でまだ裏切り。
2 度目は許されず、
自害した。
松永久秀
本願寺は11年戦って、和睦。
石山本願寺を明け渡した。
上杉謙信は、手取川の戦いで織田軍を破
ったといわれるが……
謙信強すぎ！
柴田勝家
上杉謙信
謙信は翌年、
病没する。
武田勝頼
信玄亡き後、戦国最強の武田
軍を率いた武田勝頼も織田軍
に敗れ、武田氏は滅亡した。
安土城
ニヤッ
こうして、信長は、同盟相手や有能な部下
の活躍もあり、対抗勢力を倒し、天下統一
にあと一歩と迫った。
柴田勝家
豊臣秀吉
明智光秀
徳川家康

41 本能寺の変
（1582年）

本能寺の変はいかにして起こったのか？明智光秀が起こしたこの事件は、織田信長をはじめとして、豊臣秀吉、徳川家康ら、さまざまな歴史上の人物の運命を変え、歴史を大きく変えていった。

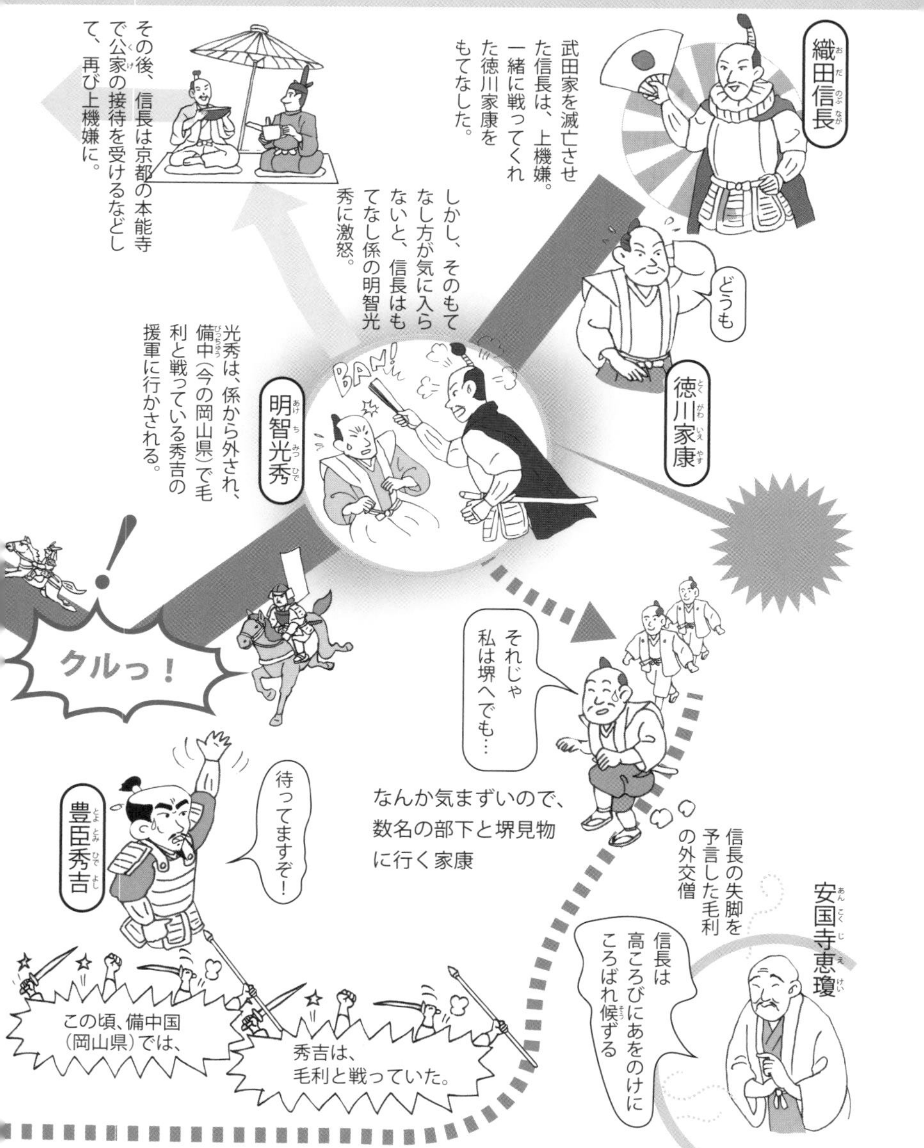
織田信長
武田家を滅亡させた信長は、上機嫌。一緒に戦ってくれた徳川家康をもてなした。
その後、信長は京都の本能寺で公家の接待を受けるなどして、再び上機嫌に。
どうも
徳川家康
しかし、そのもてなし方が気に入らないと、信長はもてなし係の明智光秀に激怒。
BAN!
明智光秀
光秀は、係から外され、備中（今の岡山県）で毛利と戦っている秀吉の援軍に行かされる。
クルっ！
それじゃ私は堺へでも…
なんか気まずいので、数名の部下と堺見物に行く家康
待ってますぞ！
豊臣秀吉
信長の失脚を予言した毛利の外交僧
安国寺恵瓊
信長は高ころびにあをのけにころばれ候ずる
この頃、備中国（岡山県）では、
秀吉は、毛利と戦っていた。

信長切腹
英雄の最期じゃ
敵は本能寺にあり！
一大事じゃ！
天王山
中国大返し
知らせねば……
天下泰平
豊臣秀吉
すわっ、和睦じゃ！

本能寺が焼け落ちるなか、天下統一にあと一歩まで迫った信長は無念の自決を遂げる。

ここで明智光秀は、歴史に残る裏切りを行なった。備中に行くべき軍隊を方向転換させて、信長のいる本能寺を攻撃したのだ！

信長の暗殺に成功したものの、味方の少なかった明智光秀は、あっさり秀吉に敗れ、その野望は『三日天下』で終わる。

信長の死を知った秀吉は、涙の乾く間もなく、急ぎ戦闘中だった毛利と休戦、大急ぎで京都へと駆けつけた！

こうして、主君・信長の仇をとった秀吉は、次の天下取りへと動き出すのである。

ちなみに、家康は数名の仲間だけを連れて明智の軍勢を避けるために、山道を遁走し、自分の城へと戻った。

42 信長の後継者争い
（1582〜1583年）

本能寺の変で信長が倒れた後、織田家家臣の間で、誰が後継者となるか熾烈な戦いが繰り広げられた。その争いを、巧みな戦略で勝ち抜いたのが、やはりあの男、豊臣秀吉であった。

本能寺の変では信長だけでなく、跡継ぎの長男・織田信忠も亡くなった。

無念！
おまえもか！

そこで、清州城で後継者を誰にするかを決める会議（清州会議）を行なうこととなった。中心となったのはこの2人である。

信長の仇を討った豊臣秀吉
筆頭家老・柴田勝家

織田信孝

柴田勝家は、信長の三男・織田信孝を後継に推し、その後見人となることで、実質的に信長の後継者となろうとした。

織田信雄
お呼びでない？

次男・信雄には人望がなかったこと、信孝は明智光秀を討った際の名目上の総大将となっていたことから、順当な人選といえた。

織田→神戸
信孝

唯一の不安は、すでに信孝が**神戸家**に養子に出ており、厳密には織田家の人間ではなかったことだが、それは信雄も同じことであった。

織田→北畠
信雄
ますますお呼びでない？

織田信孝を担ぎ出したことで、柴田勝家が有利になったと思われたが……

秀吉は……

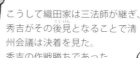

なんと！　信忠の子（信長の孫）・三法師を担ぎ出した。

父はうれしいぞ
信忠

わずか2歳とはいえ、**信長の後継と決まっていた長男・信忠の子**なのだから血統的には誰も文句がいえなかった。

こうして織田家は三法師が継ぎ、秀吉がその後見となることで清州会議は決着を見た。
秀吉の作戦勝ちであった。

しかし、柴田も引き下がらなかった。

信長の妹・お市と結婚し、その3人の娘を引き取ることもした。

そしてついに2人の対立は、戦に発展した。

賤ヶ岳の戦いである

加藤清正、福島正則ら「賤ヶ岳の七本槍」と呼ばれる秀吉の家臣が活躍したりして……

この戦いでは、柴田の配下にあった前田利家が、親友・秀吉との戦いを避け、戦場を離れたり……

友だちをとるか？
上司をとるか？

前田利家

戦いは秀吉の勝利に終わった

こうしていよいよ、秀吉が天下統一に動き出すのじゃ！

よくやったぞ！
……
え～と、誰だっけ？

三法師（秀信）

豊臣秀吉

柴田勝家とお市は自害。

お市の3人の娘は秀吉が引き取った。

茶々　初　江

43 秀吉の天下統一

（1583〜1590年）

織田信長の後継者となった秀吉は、今度は天下取りに動いた。徳川、上杉、毛利、北条といった大名たちは、秀吉に対してどのような態度をとったのか？ 秀吉の天下取りの動きを見てみよう。

秀吉が天下取りを始めた1580年代半ば頃はおおよそこのよう状況だった。
まだ強そうなのがおるのお。
上杉氏
毛利氏
豊臣氏
北条氏
徳川氏
長宗我部氏
島津氏
カギを握るのは、徳川かの。
毛利輝元
豊臣秀吉
上杉景勝
このうち、上杉と毛利は早くから秀吉に臣従し、家臣となった。
当時、秀吉の最大のライバルといえるのが徳川家康だった。
徳川家康
かつての信長の同盟者は、その後、甲斐国など武田の旧領を支配。
両者は小牧・長久手の戦いで刃をまじえたが……。
ほぼ互角。局地戦では徳川有利で和睦に至った。
豊臣秀吉
徳川家康

そこから秀吉はなりふり構わぬ懐柔作戦に出る。

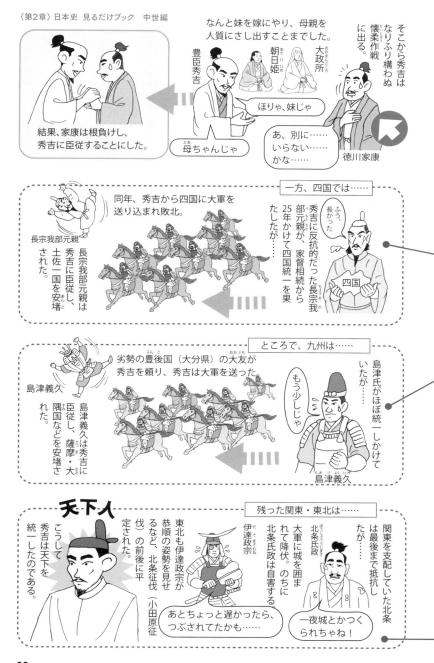

なんと妹を嫁にやり、母親を人質にさし出すことまでした。

徳川家康
あ、別に……いらない……かな……
大政所
朝日姫
豊臣秀吉
ほりゃ、妹じゃ
母ちゃんじゃ

結果、家康は根負けし、秀吉に臣従することにした。

一方、四国では……

秀吉に反抗的だった長宗我部元親が、家督相続から25年かけて四国統一を果たしたが……

ふう、長かった
四国

同年、秀吉から四国に大軍を送り込まれ敗北。

長宗我部元親

長宗我部元親は秀吉に臣従し、土佐一国を安堵された。

ところで、九州は……

島津氏がほぼ統一しかけていたが……

もう少しじゃ
島津義久

劣勢の豊後国（大分県）の大友が秀吉を頼り、秀吉は大軍を送った。

島津義久

島津義久は秀吉に臣従し、薩摩・大隅国などを安堵された。

残った関東・東北は……

関東を支配していた北条は最後まで抵抗したが……

北条氏政
一夜城とかつくられちゃね！

大軍に城を囲まれて降伏。のちに北条氏政は自害する。

伊達政宗
あとちょっと遅かったら、つぶされてたかも……

東北も伊達政宗が恭順の姿勢を見せるなど、北条征伐（小田原征伐）の前後に平定された。

天下人

こうして秀吉は天下を統一したのである。

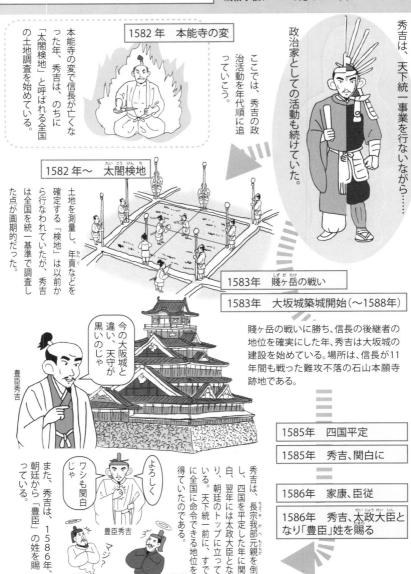

44 太閤の政治
（1582〜1598年）

どんな戦国大名であっても、戦ばかりしていたわけではない。彼らも平時は領国を治める政治家として活動していたのだ。ここでは、武家政治の頂点に立った豊臣秀吉の政治手法について見ていこう。

秀吉は、天下統一事業を行ないながら……政治家としての活動も続けていた。

ここでは、秀吉の政治活動を年代順に追っていこう。

1582年　本能寺の変

本能寺の変で信長が亡くなった年、秀吉は、のちに「太閤検地」と呼ばれる全国の土地調査を始めている。

1582年〜　太閤検地

土地を測量し、年貢などを確定する「検地」は以前から行なわれていたが、秀吉は全国を統一基準で調査した点が画期的だった。

1583年　賤ヶ岳の戦い

1583年　大坂城築城開始（〜1588年）

賤ヶ岳の戦いに勝ち、信長の後継者の地位を確実にした年、秀吉は大坂城の建設を始めている。場所は、信長が11年間も戦った難攻不落の石山本願寺跡地である。

今の大阪城と違い、天守が黒いのじゃ
豊臣秀吉

1585年　四国平定

1585年　秀吉、関白に

秀吉は、長宗我部元親を倒し、四国を平定した年に関白、翌年には太政大臣となり、朝廷のトップに立っている。天下統一前に、すでに全国に命令できる地位を得ていたのである。

1586年　家康、臣従

1586年　秀吉、太政大臣となり「豊臣」姓を賜る

また、秀吉は、１５８６年、朝廷から「豊臣」の姓を賜っている。

よろしく
ワシも関白じゃ
マジ？
豊臣秀吉
藤原忠平
藤原基経

九州を平定したのち、秀吉はバテレン追放令を出し、宣教師の国外追放を命じた。

1587年　九州平定
1587年　バテレン追放令
1588年　刀狩令

出ていけ！
大仏をつくるのに使うからの
豊臣秀吉

また、翌年には刀狩令を出し、農民から武器を取り上げ、兵農分離を進めた。

天下統一の翌年、秀吉は関白の座を甥の秀次に譲り、自らは「太閤」を名乗るようになった。「太閤」とは、関白の座を子に譲った人などのことをさす言葉だったが、以降は秀吉の尊称となった。

1590年　天下統一
1591年　秀吉、太閤に

ちなみに、藤原氏以外で関白になったのは、この2人だけじゃ。

豊臣秀次
はっ！
よろしく
関白
豊臣秀吉

これらの政策は「五奉行」と呼ばれる武将たちが中心に実務を担当した。

そして、この五奉行の上に立つ、豊臣政権最高顧問が五大老である。

五大老

徳川家康・前田利家・宇喜多秀家・毛利輝元・小早川隆景（死後、上杉景勝）

五奉行

浅野長政・石田三成・増田長盛・長束正家・前田玄以

この体制は1595年頃から形になり始め、1598年に制度化されたとされるが、実務はその前から動いていた。

45 桃山文化
（16世紀後半）

豊臣秀吉が活躍した時代を中心に、豪壮、華麗な桃山文化が栄えた。戦国大名や新興の大商人らによって支えられたこの時代の文化ならではの特徴とは？ 順を追って見ていくことにしよう。

秀吉が活躍していた時代の文化を「桃山文化」という。

秀吉が築いた伏見城のあった地が「桃山」と呼ばれたからである。

この時代を象徴する建築物といえば、やはり城だろう。

戦に備えた堅牢さと、権力の象徴としての華麗さが求められた。

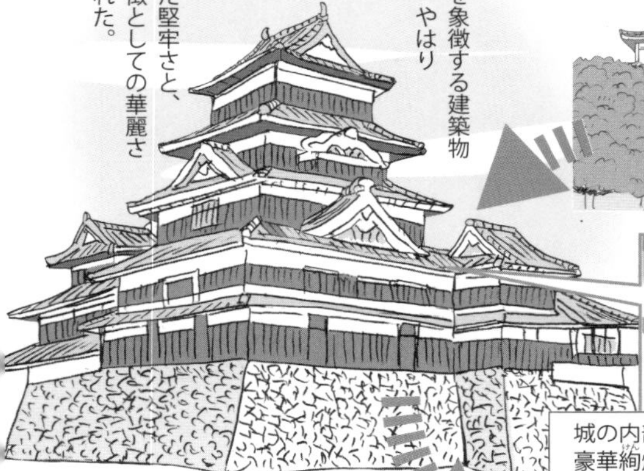

城の内部は、書院造などの様式で豪華絢爛なものがつくられた。

城を飾ったのが、襖や屏風に描かれた障壁画。狩野永徳、長谷川等伯らが活躍した。

織田信長
永徳は力強く豪華でよいのお。ワシの安土城にもたくさん描いてもらったぞ！

本能寺の変で燃えちゃったけど……。

唐獅子図屏風（狩野永徳）

檜図屏風

ワシのつくった城や寺にもたくさん描いてもらいましたぞ！
豊臣秀吉

ワシゃ、金ピカが大好きなんじゃ。

桃山文化といっても金ピカなものばかりではなく……

『わびさび」精神を重視する茶道も大流行。

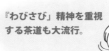

狭くてシンプルな茶室をつくって武将をもてなすなどした。

その代表といえるのが千利休。

千利休

しかし、そんなシンプルさが派手好きの秀吉と合わなかったのか……

地味じゃのお
豊臣秀吉

のちに利休は秀吉の命により切腹して果てた。

また、宣教師たちの伝えた南蛮文化の影響が大きかったのもこの時期の特徴。

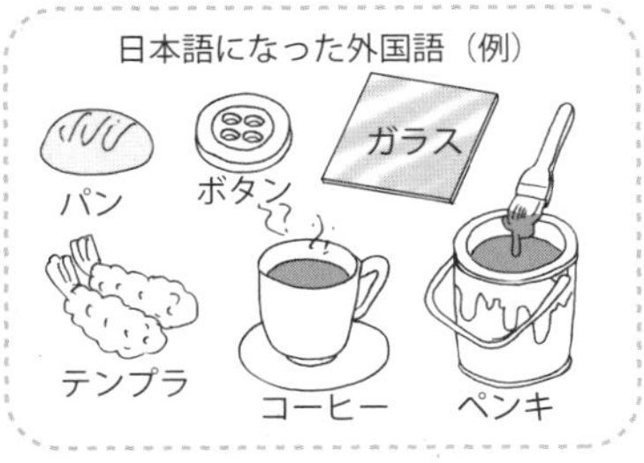
日本語になった外国語（例）
パン
ボタン
ガラス
テンプラ
コーヒー
ペンキ

喫煙の習慣が始まったり……

印刷技術が伝わり、本が出版されたりするのもこの頃からである。

NIFON NO
CUTOBATO

印刷技術は朝鮮半島経由でも伝わったぞ

46 朝鮮出兵
（1592年・1597年）

天下人・豊臣秀吉は、ついに国外にも触手を伸ばした。二度にわたる朝鮮出兵は、多くの悲劇を繰り返しながら、結果的に失敗に終わってしまう。朝鮮出兵はどのようにして終末を迎えたのだろうか？

天下統一後、秀吉の野望は、ついに海を越えていった。
行け！
秀吉は中国（明）へ進出するため、朝鮮に先導を依頼した。
平壌
日本の前線基地・名護屋城
しかし、これは当然のごとく拒否されたため、1592年、ついに朝鮮へ出兵を開始した。これを「文禄の役」という。
小西行長
加藤清正
開戦後すぐ、日本軍は小西行長、加藤清正らの奮戦により、首都漢城を落とし、平壌や中国国境まで兵を進めた。
しかし、その後、朝鮮の民衆が挙兵したり、李舜臣率いる水軍が活躍し日本軍の補給路を断ったり……
とげをつけて船への侵入を防いだ朝鮮水軍の亀甲船
明からの援軍が到着したりしたため……
助けに来たぞ！
加藤清正
小西行長
日本軍は徐々に不利な状況に追い込まれた。
そこで、石田三成や小西行長らが中心となって和平工作が始まった。
石田三成

しかし、その内容が、秀吉や明の皇帝に嘘をついて和平に持ち込もうとするものだったので……
明が降伏しました
日本が降伏です
小西行長
石田三成
このやり方が気に食わない加藤清正らは激怒し、石田らと対立した。
加藤清正
ところが、逆に石田らが秀吉に加藤清正の悪口を吹き込み……
石田三成
清正は悪い奴です
加藤清正は秀吉の怒りを買ってしまう。
加藤清正
こうして、朝鮮出兵を機に、石田三成ら（文治派）と加藤清正ら（武断派）の対立は強まっていった。
石田三成
加藤清正
結局、いったんは和平が結ばれたが、「どうも様子がおかしい」と気づいた秀吉は再び出兵を指示。
豊臣秀吉
行け！
あいつら、いうことを聞かんじゃないか!
こうして、1597年、再び朝鮮出兵（慶長の役）が始まった。
島津義弘
小西行長
今度も当初優勢だったが、徐々に不利になったところで……
明軍
朝鮮軍
飢え
疲労
寒さ
突然、日本軍は撤退することになった。その理由とは……？
「巨星墜つ」じゃ。
豊臣秀吉の病死であった

戦国武将の実像とは

己の実力だけがものをいう戦国時代。騎馬武者が颯爽と戦場を駆け抜け、聡明な軍師が兵法を駆使する……。そんな戦国武将たちに憧れを抱く人も多いのではないでしょうか。

しかし、時代劇で描かれた戦国武将と実際の武将たちの姿には、だいぶギャップもあるようです。たとえば、当時の戦国武将が乗っていた馬はとても小さく、体高は１２０～１３０cm。サラブレッドの７～８割程度の大きさでした。現代の基準ではポニー（体高１４８cm 以下）に分類されます。また、「騎馬武者」とはいいつつ、いざ戦う時には、「馬から下りて戦った」という当時の宣教師の証言もあります。ただし、これには地域性などもあり、すべての武将が下馬して戦ったわけではない、という反論も出されています。

智謀と兵法を駆使して戦国大名を助ける軍師の活躍は、大河ドラマなどでもたびたび描かれてきました。知的な軍師が、主君の戦国大名以上の人気を集めることもしばしばありました。しかし、実際の軍師は、知力を駆使した参謀、作戦係というより、もっとスピリチュアルな面が強かったようです。合戦の日時や攻める方角などを占ったり、戦勝祈願のお祈りを捧げたりするのが、軍師の大きな役割だったのです。もちろん、軍事的な作戦にも口をはさむわけですが、実際には儀式的役割を担うことが多かったようです。

忍び装束に身を包み、手裏剣を使う「忍者」も、存在はしていましたが、実際の任務は情報収集が主で、通常は商人などの姿をし、戦いは極力避けるというのが実態だったようです。

そのほか、まだまだ非科学的なことがまかり通っていた時代でしたから、けが人に「葦毛の馬の糞を煮立てて薬として飲ませる」なんてことも行なわれていました。かえって悪化しそうですが……。

Nihonshi Mirudake Book

〈第3章〉

日本史
見るだけブック
近世編

47 関ヶ原の戦い
（1600年）

豊臣秀吉の死により、歴史は新たな方向に歩み始めた。信長、秀吉の天下を支え続けた徳川家康が、ついに自らの天下取りに動き出し、豊臣家の繁栄を願う石田三成らと対立した。関ヶ原の戦いである。

太閤秀吉が亡くなり、ついに徳川家康が天下取りに動き始めた。
徳川家康
秀吉
家康殿、秀頼をよろしくな〜
しかし、秀吉の死後は遺児・秀頼が天下を継ぐべきだという声も強かった。
お市
（信長の妹）
秀吉
茶々
（淀殿）
秀吉の没時
満5歳
秀頼
まさか天下を狙ったりしてないよね〜？
前田利家
徳川家康
も、もちろん
特に秀吉の盟友・前田利家が家康をけん制していたが……。
石田三成
その前田利家が、秀吉の死の翌年に病死。
前田利家
まさか、天下を狙ったりしないよね
徳川家康
その後は、五奉行の筆頭的存在である石田三成が豊臣家擁護の中心となった。
家康は、石田三成と対立していた加藤清正ら武断派の武将を味方につけた。
徳川家康
加藤清正
朝鮮出兵の時の恨み！
黒田長政
福島正則
あいつ、嫌い！
一方、石田三成は毛利、宇喜多、島津らを味方につけ、対立機運が高まっていった。
石田三成
島津義弘
毛利輝元
宇喜田秀家
小早川秀秋
あまり乗り気じゃないが……
……

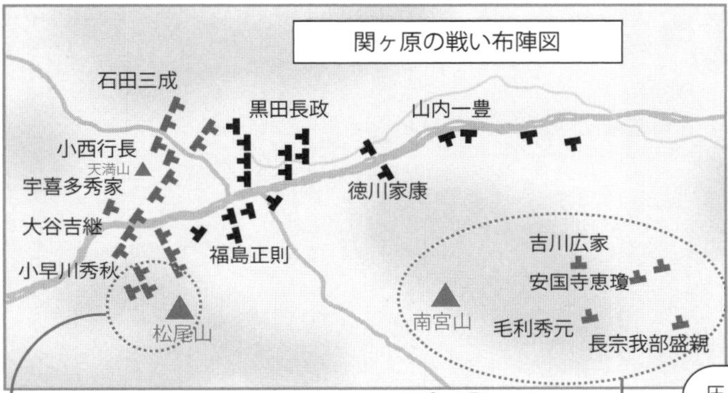
関ヶ原の戦い布陣図
石田三成
黒田長政
山内一豊
小西行長
天満山
宇喜多秀家
徳川家康
大谷吉継
福島正則
小早川秀秋
松尾山
吉川広家
安国寺恵瓊
南宮山
毛利秀元
長宗我部盛親

そして、1600年9月15日、戦国大名たちが東西に分かれ争う一大決戦「関ケ原の戦い」が勃発した！

布陣を見ると、松尾山、南宮山などの高所を西軍（石田軍）が押さえ、東軍（徳川軍）が囲まれる形となっている。圧倒的に東軍が不利な陣形だ。

しかし、戦いが始まっても南宮山の毛利軍は動かなかった。

徳川家康
ニヤリ
おまえが動かなけりゃ出陣できんぞ！
まあまあ、ゆっくりいきましょう
毛利秀元
吉川広家

実は、吉川広家が家康と密約を結んでおり、毛利の動きを抑えていたのだ！これで西軍は東軍の背後をつくことができなくなった。

小早川秀秋

一方、松尾山の小早川も戦いを静観していた。

しかし、戦いは石田三成、大谷吉継らが奮戦し、西軍がやや有利に展開する。

ところが

なんと、途中で小早川秀秋軍が東軍に寝返ったのである。

実は小早川も家康と事前に密約を交わしていたのだ。

これが決め手となり、西軍からは裏切りも続出。一挙に東軍が勝利を手にしたのである。

徳川家康

小西行長

石田三成

壬申の乱は約1カ月、応仁の乱は11年。日本を2つに分けた大決戦なのに、たった1日で終わったというのは、まさに奇跡じゃ

48 江戸幕府の成立
（1603年）

天下分け目の関ヶ原の戦いを制した徳川家康は、ついに征夷大将軍に任命され、江戸幕府を開いた。ここから260年以上に及ぶ天下泰平の世が続いていく。ここではその大名統治の方法などを見ていこう。

関ヶ原の戦いの後、敗れた西軍の各大名は処分された。
石田三成
安国寺恵瓊
小西行長
3名が処刑となり……
宇喜多秀家は流罪。
大谷吉継らは戦死し……
長宗我部盛親
上杉景勝
毛利輝元
長宗我部は所領没収。上杉や毛利は所領を大幅に減らされた。
名目上とはいえ、総大将となった毛利家が所領没収にならなかったのは、一族の吉川広家が家康に協力したからだともいわれている。
一方、東軍の勝利に貢献した武将は……
福島正則は安芸・備後（広島）を、
小早川秀秋は備前・備中・美作（岡山）を、
山内一豊は土佐（高知）を得るなど大出世。
もちろん、徳川家は……
400万石という大領地と金山・銀山などを得、圧倒的な力を手中に収めた。
そして1603年、家康は征夷大将軍となり、江戸幕府を開いた。260余年に及ぶ江戸時代がここに始まったのである。
徳川家康
家康は2年後に子の秀忠に将軍職を譲り、徳川家が将軍職を世襲していくことを内外に示した。
徳川秀忠
ちなみに妻はお市の娘・江。
お姉ちゃん……
同時にこれは、徳川家の天下において豊臣家は一大名でしかないことを示すものでもあった。
徳川は豊臣に臣従したはず！
淀殿
豊臣秀頼
秀頼の母で、お市の娘（江の姉）。

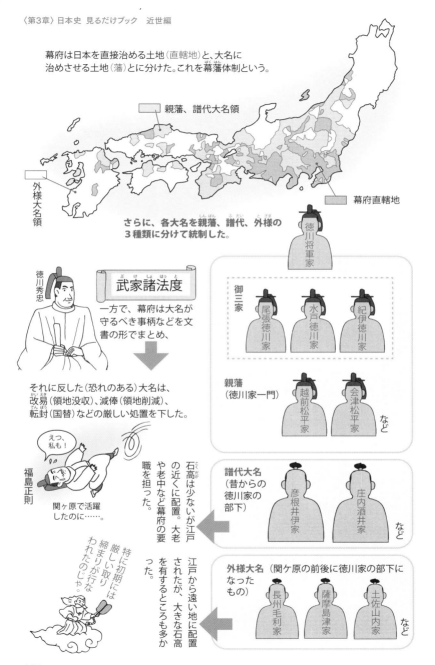

幕府は日本を直接治める土地(直轄地)と、大名に治めさせる土地(藩)とに分けた。これを幕藩体制という。

親藩、譜代大名領
外様大名領
幕府直轄地

さらに、各大名を親藩、譜代、外様の3種類に分けて統制した。

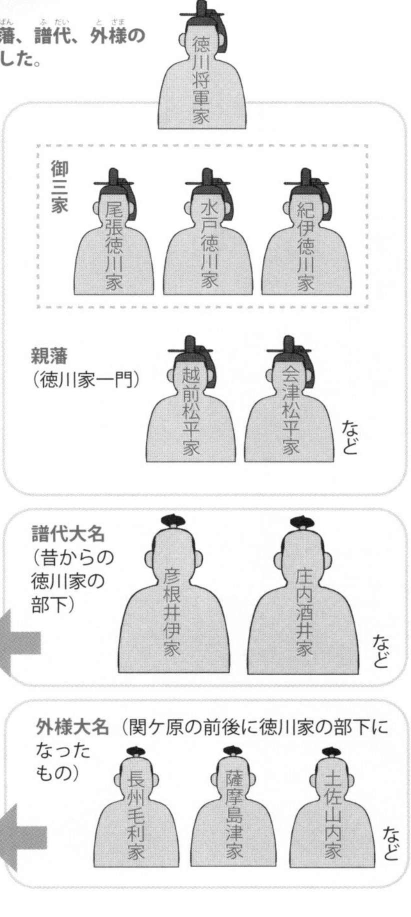
徳川将軍家
御三家
尾張徳川家
水戸徳川家
紀伊徳川家
親藩
(徳川家一門)
越前松平家
会津松平家
など
譜代大名
(昔からの徳川家の部下)
彦根井伊家
庄内酒井家
など
外様大名(関ケ原の前後に徳川家の部下になったもの)
長州毛利家
薩摩島津家
土佐山内家
など

徳川秀忠

武家諸法度

一方で、幕府は大名が守るべき事柄などを文書の形でまとめ、

それに反した(恐れのある)大名は、改易(領地没収)、減俸(領地削減)、転封(国替)などの厳しい処置を下した。

えっ、私も!
福島正則

関ヶ原で活躍したのに……。

石高は少ないが江戸の近くに配置。大老や老中など幕府の要職を担った。

江戸から遠い地に配置されたが、大きな石高を有するところも多かった。

特に初期には厳しい取り締まりが行なわれたのじゃ。

49 大坂の陣（おおさかのじん）
（1614年・1615年）

江戸幕府を開いた徳川家康にとって、目の上のたん瘤（こぶ）のような存在といえるのが大坂城の豊臣秀頼である。そしてついに、家康は、1614年から翌年にかけ豊臣家滅亡の行動に出た。「大坂の陣」である。

幕府の体制を固めた徳川家康にも気がかりなことがあった。

徳川家康
豊臣秀頼（とよとみひでより）
淀殿（よどどの）

豊臣秀頼という存在である。

衰えたとはいえ、大きな財力を持ち、難攻不落の大坂城に籠（こも）る豊臣家のもとに、反徳川の諸大名が結集しないとも限らないことである。

そこで家康は、豊臣家がつくったお寺の鐘（かね）にいちゃもんをつけた！

所庶幾者　國家安康
君臣豐樂　子孫殷昌
「君臣豊楽（くんしんほうらく）」じゃと！「豊臣家が楽しく栄える」ということか！
「国家安康（こっかあんこう）」じゃと！「家康」の首と胴を切り離すという意味か！
国
家
安
康
淀殿か秀頼を人質（ひとじち）にするか、さもなくば国替えじゃ！

この挑発が決定的なものとなり、豊臣方も戦闘準備にかかり、諸国の浪人等を集めた！

淀殿
豊臣秀頼

その数、なんと約10万！

あれ？ 思ったより……ヤバくない？
徳川家康

その中には、かつて徳川家を苦しめたことのある真田家の次男・幸村（信繁（のぶしげ））や

徳川キライ！
真田幸村（さなだゆきむら）

関ヶ原の戦いの後、所領没収となった長宗我部盛親などの顔ぶれもあった。

徳川キライ！
長宗我部盛親（ちょうそかべもりちか）

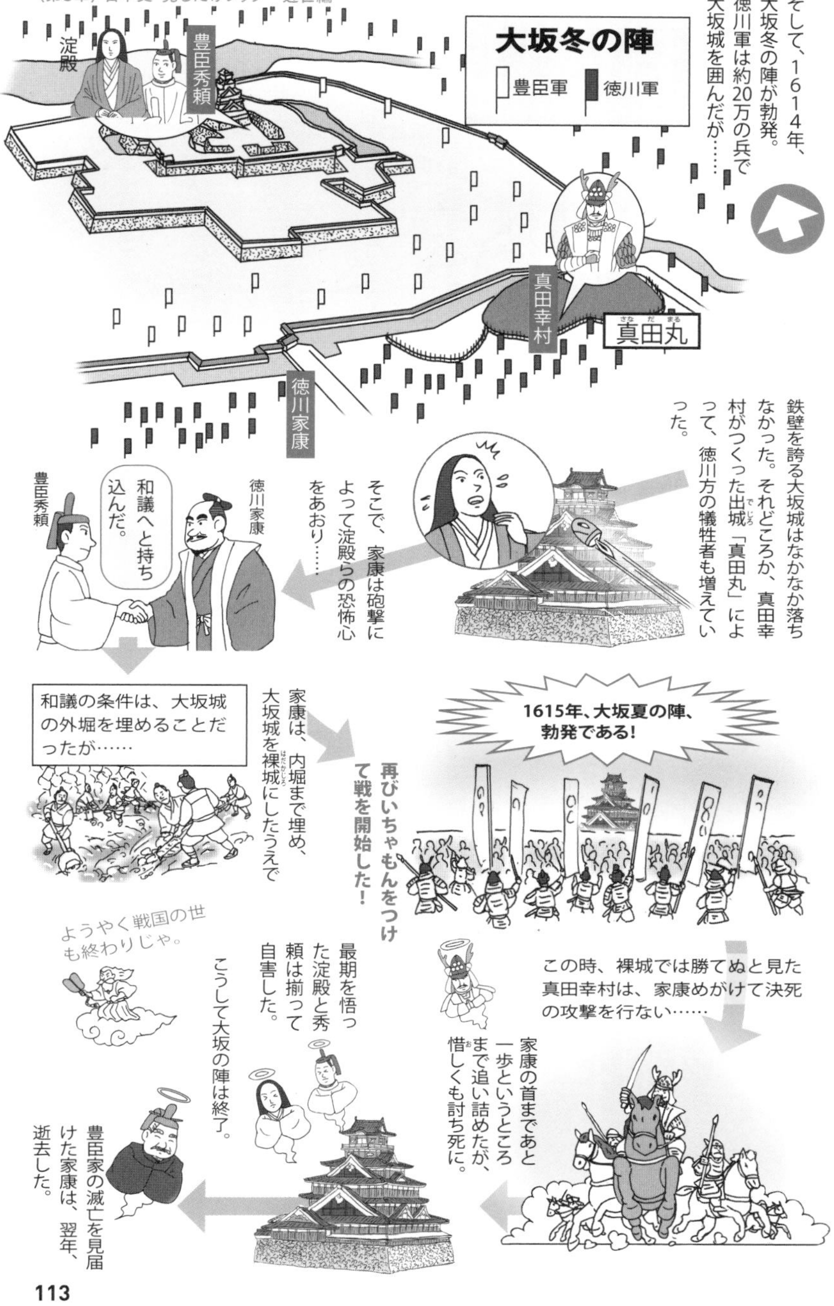
そして、1614年、
大坂冬の陣が勃発。
徳川軍は約20万の兵で
大坂城を囲んだが……
大坂冬の陣
豊臣軍
徳川軍
淀殿
豊臣秀頼
真田幸村
真田丸
徳川家康
鉄壁を誇る大坂城はなかなか落ちなかった。それどころか、真田幸村がつくった出城「真田丸」によって、徳川方の犠牲者も増えていった。
そこで、家康は砲撃によって淀殿らの恐怖心をあおり……
徳川家康
和議へと持ち込んだ。
豊臣秀頼
1615年、大坂夏の陣、勃発である！
再びいちゃもんをつけて戦を開始した！
家康は、内堀まで埋め、大坂城を裸城にしたうえで
和議の条件は、大坂城の外堀を埋めることだったが……
この時、裸城では勝てぬと見た真田幸村は、家康めがけて決死の攻撃を行ない……
家康の首まであと一歩というところまで追い詰めたが、惜しくも討ち死に。
最期を悟った淀殿と秀頼は揃って自害した。
こうして大坂の陣は終了。
豊臣家の滅亡を見届けた家康は、翌年、逝去した。
ようやく戦国の世も終わりじゃ。

50 禁教と鎖国（1603～1641年）

キリスト教を禁じる禁教と、限られた国としか貿易をしない鎖国という2つの政策は、江戸幕府を特徴づけるものといえる。3代将軍家光の頃に完成したこれらの政策について見ていくことにしよう。

江戸幕府ができた頃は積極的に海外とも貿易をしていたが……
貿易じゃ！
キリスト教はダメじゃ！
初代将軍
徳川家康
外交顧問：
ヤン・ヨーステン（オランダ）、
ウィリアム・アダムズ
［三浦按針］（イギリス）
秀吉時代から引き続き、キリスト教は禁じた。
禁
1613年、全国に禁教令
オランダ人やイギリス人は、ポルトガルやスペインは危険だと主張。
あいつら、やばいっス！
カトリックの布教とかいって
インカ帝国とか滅ぼし
ちゃったんですから
私たちはプロテスタントだから大丈夫デ～ス
なるほど！
徳川家康
2代将軍　徳川秀忠
1622年、長崎で55人のキリスト教徒を処刑（元和の大殉教）
キリスト教は禁止じゃ！
スペイン・ポルトガルは要注意じゃ！
1629年、長崎で「絵踏」開始。
禁
1624年、スペイン船の来航禁止。

厳しい禁教政策と重税などにより、特にキリスト教徒の多い九州地方の農民たちの不満は高まった。

そしてついに、1637年、島原、天草地方の農民が天草四郎時貞をリーダーとして大規模な一揆を起こした。

島原の乱（島原・天草一揆）である。

この事件では、3万7000～8000の農民らが原城跡に籠って数カ月も抵抗したが、最後は12万を超える幕府軍によって鎮圧された。

幕府はオランダにも助けを求め、軍艦から砲撃までしてもらったのじゃ。

鎖国じゃ！

3代将軍徳川家光

これにより幕府の禁教・鎖国政策はより強化された。

禁

1639年、ポルトガル船の来航禁止。

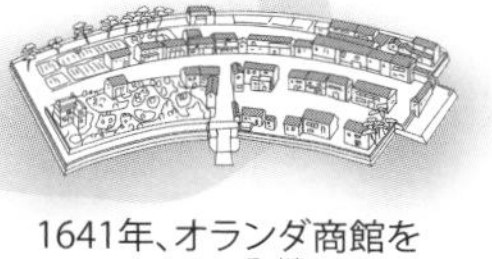

1641年、オランダ商館を出島に移し、出島への出入りを制限した。

以降は限られた国だけ（西洋ではオランダのみ）と外交するようになった（鎖国）。

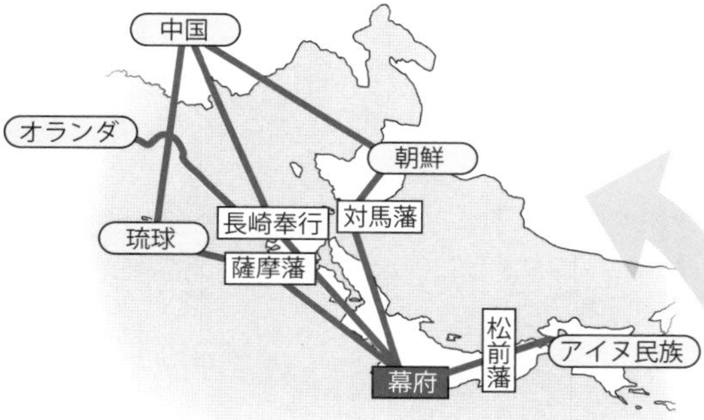
中国
オランダ
朝鮮
長崎奉行
対馬藩
琉球
薩摩藩
松前藩
アイヌ民族
幕府

51 4代将軍の時代
（1651〜1680年）

4代将軍家綱の時代には、「由井正雪の乱」、「明暦の大火」という大きな事件が起こり、それによって政治制度等にも大きな変化が見られた。この2つの事件を中心に、変化の時代を見ていこう。

幕藩制度、鎖国、禁教など、江戸幕府の体制・政策は3代将軍家光のころまでに整えられたとされる。
徳川家康
徳川秀忠
徳川家光
その家光が亡くなり……
息子の家綱がわずか10歳で将軍となった時、
事件は起きた！
徳川家綱
この頃、仕える家をなくした牢人（浪人）の増加が社会問題となっていた。
初期の幕府が、大名家の取り潰し（改易）などを積極的に行なったのが、主な原因である。
兵学者由井正雪は牢人を集め、社会変革を目指し幕府転覆を企てた。
それは2000人もの牢人で、江戸城を奪い、江戸や京都で放火などを行なうという大規模なものだったが……
計画は事前に露見した。
あいつら怪しい！
多くの者が捕らえられ、首謀者・由井正雪は自害した。
この結果、幕府は、これまで禁じられていた、死期が近く跡継ぎがいない大名が急に養子をとること（末期養子）を認めるなど、改易の条件をやわらげ、牢人対策に積極的に取り組むことになった。
徳川家綱
大名にやさしくして、牢人を減らそう！

明暦の大火（振袖火事）

由井正雪の乱から数年後、江戸の町に、1人の少女がいた。彼女は寺小姓を好きになり……
その男性と同じ模様の振袖をつくってもらい喜んでいたが……
まもなく病死した。
その振袖はお寺に納められたが、寺の人間が古着屋に売ってしまい、別の少女のもとに移る。
ところが、その少女も最初の子と同月同日に急死した。
しかも、同じことが2度繰り返され……
不審に思った3人の娘の親と寺の住職とで、その振袖を焼いて供養したところ……
折からの風で、炎の中から振袖が舞い上がり寺を焼いた。そして、その火は江戸中に燃え広がったという。
叶わなかった恋の怨念か、大好きな振袖が古着屋に売られた悲しさか？少女の魂は炎となり、燃え上がったのだ！
この伝説の真偽は未詳だが、1657年、寺から出た火が江戸中を焼き尽くしたのは事実である。この大火事を「明暦の大火（別名：振袖火事）」という。
なんと、江戸城の天守も焼け落ちてしまった。この火事による犠牲者は10万余りといわれている。
この大災害を受け、将軍補佐役だった保科正之らは、復興事業を開始。
徳川秀忠
実は秀忠の隠し子。←
保科正之
また、道幅を広くし、火除地をつくるなど、火事に強い町へと江戸を改造したのである。
幕府は復興を優先し、江戸城天守を再建しなかったのじゃ。

52 生類憐みの令
(1685年～)

天下の悪法といわれる「生類憐みの令」。この法令がいかにして生まれたのか？ いったいどのような混乱が起きたのか？ 法令を出した5代将軍綱吉の治世を追っていこう。

10歳で4代将軍となった家綱は、39歳で病没。跡継ぎとなる子はいなかった。
そこで、5代将軍には弟の綱吉がなった。将軍職が親から子へと引き継がれなかったのは初めてのことである。
綱吉は武芸よりも学問を好むタイプの将軍だった。
徳川綱吉
ところが、綱吉も跡継ぎに恵まれなかったので……僧侶に相談すると……
徳川綱吉
僧 隆光
子ができないのは前世で殺生を重ねた報いですぞ
生き物を大切にしなさい！
特に将軍様は戌年生まれなので、犬を大切に！
こうして稀代の悪法『生類憐みの令』ができた。
江戸の町は大混乱！
『生類憐みの令』は一つではない。生物愛護に関するさまざまな法令が何十回も出されているのだ。
捨て犬をして、江戸引き回しのうえ、獄門とされた者や、
蚊を殺して流罪となった者もいた。

こんな苦労をしたのに、結局綱吉は跡継ぎに恵まれず……

兄の子を6代将軍とした。

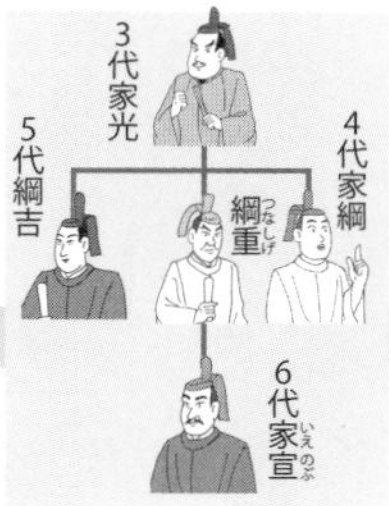
3代家光
4代家綱
綱重
5代綱吉
6代家宣

約束じゃぞ
はっ
徳川綱吉
徳川家宣

綱吉は死の間際に「生類憐みの令は今後も守るように」と遺言したが……

思い通りにはいかないものじゃ。

綱吉の死とともに、ほとんどが廃止となった。

徳川家宣

個人的には、生類憐みの令を守っているので、遺言を無視したわけではありません!

ちなみに赤穂事件（忠臣蔵）が起こったのは、綱吉の時代。

吉良上野介に殿中で斬りかかった赤穂藩主・浅野内匠頭に切腹を命じたのも綱吉である。

学問
武芸

綱吉が武芸よりも学問を好むタイプだったからかもしれない。

徳川綱吉

もちろん、犬を殺して処刑された者もいるし、それを密告して大金を得た者もいた。

野犬を保護するため、東京ドーム11個分以上という巨大な収容所もでき……

その維持費には、年間100億円くらいかかったという試算もある。

53 元禄文化
（17世紀半ば〜18世紀初め）

天下泰平の世が訪れると、商人なども力をつけ、5代将軍綱吉の時代を中心に元禄文化が栄えた。上方の豪商を主な担い手として、現世を「浮き世」ととらえ、日々の生活を積極的に楽しもうとする文化である。

元禄文化を代表する文豪といえば……

元禄三文豪

井原西鶴

いろんな女性とつきあうのがいいな♡
好色一代男
金持ちになるのも大変だ！
日本永代蔵

西鶴はすぐれた小説（浮世草子）を書き

松尾芭蕉

味わい深いのお
古池や蛙飛び込む水の音
閑かさや岩にしみ入る蝉の声
おくのほそ道

芭蕉は旅を好み、俳諧（俳句）や紀行文を遺した。

近松門左衛門

人と人との愛憎劇も味わい深いぞ
曽根崎心中
心中天網島

近松は、世間を騒がせた事件などを元に人形浄瑠璃などの脚本を書いた。

歌舞伎や人形浄瑠璃（文楽）も人気を集めた。

3人とも神話や仏教ではなく、人々の生活（浮き世）を重視しているのが特長じゃの。

絵画の世界では浮世絵の祖といわれる菱川師宣（ひしかわもろのぶ）や尾形光琳（おがたこうりん）をはじめとした琳派と呼ばれる人たちが傑作を遺し……

陶器や蒔絵（まきえ）などの技術も発展した。

見返り美人図（菱川師宣）

孟子
中庸
大学
論語

ワシは学問好きじゃからな。

また、この時期は、朱子学を中心に儒教が隆盛した。5代将軍綱吉は湯島に聖堂を建立。付属する学問所は学問興隆の中心となった。

54 正徳(しょうとく)の治(ち)
(1709〜1716年)

6代将軍家宣・7代将軍家継という2代の将軍に仕え政治改革を行なった新井白石。「正徳の治」と呼ばれるその政治は、理想的すぎるという批判もあるが、前代のやや緩んだ政治を引き締める効果があったという。

6代将軍家宣は、将軍となるや生類憐みの令を廃するなど、その政治手腕を称賛する声も多い。

徳川家宣(いえのぶ)

その家宣を教育したのが、儒学者新井白石である。

新井白石(あらいはくせき)
そんなズルいこと
しちゃいか〜ん！

5代将軍綱吉の頃、幕府にお金がなくなった時……

徳川綱吉(つなよし)

勘定奉行の荻原重秀が貨幣に含まれる金銀の量を減らそうと提案した。

荻原重秀(おぎわらしげひで)

安い資金で同じ額の貨幣がつくれるのはウハウハなことであり……

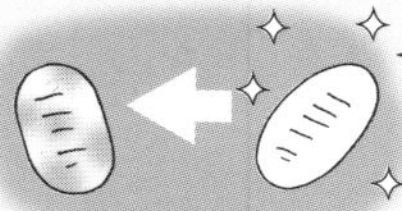

実際、一時的に幕府の財政は潤った。

しかし、白石は

もとのような質のよい金銀を発行した。

インフレにもなるし……

荻原重秀も失脚させた。

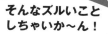

学者らしく、真面目でお堅い性格なのである。

正徳の治で行なわれたこと

閑院宮家(かんいんのみやけ)の創設

閑院宮直仁親王(なおひとしんのう)
ほっ、出家しないですんだ。皇統も安泰じゃ

代々「親王」を称することができる宮家を新たに創設することで朝廷と幕府との関係を良好にした。

朝鮮通信使の待遇簡素化

これにより費用の6割削減に成功した！

白石は家宣を補佐して改革的な政治を行なったが……
徳川家宣
新井白石
家宣は、将軍就任から3年余りでこの世を去った。
新井白石
跡を継いだ家宣の子・家継はわずかに3歳。
徳川家継（いえつぐ）
間部詮房（まなべあきふさ）
新井白石
引き続き、新井白石や側用人・間部詮房が補佐して政治を続けたが……
家継は7歳の誕生日を迎えられずに死去。
新井白石が政治を行なったのはわずか7年ほどだったのじゃ。
家継の死後、白石は政治から離れ、本の執筆などに勤（いそ）しんだ。
新井白石
もともと学者じゃからな

儀式、服制などの整備

将軍の権威を上げるなどの効果を狙った

長崎貿易の制限

金銀などの流出防止を図った。

出ていきすぎじゃ
新井白石

55 享保の改革
（1716年～）

８代将軍徳川吉宗が幕政建て直しのために行なった改革が「享保の改革」である。江戸幕府三大改革の中で最初に行なわれ、それなりに効果もあったことから、のちの改革の目標となった。

18世紀に入ると、幕府財政はかなり危険な状況に陥る。

豪華な寺社の建設や火事の続発などが原因。

徳川家継

さらに、7代将軍徳川家継が若くして亡くなり、直系の将軍が途絶えた。

そのような危機的状況の救うべく紀州から江戸へ入ったのが8代将軍徳川吉宗である。

徳川吉宗

幕府を救えるのはおぬししかいない！

まずは、財政再建

大名からお米をさし出させた。

上米の制

人材登用に力を入れた。

一緒に頑張ろう！
大岡越前
大岡
吉宗

農民からも多くの年貢を納めさせたりした。
凶作であっても決まった量の年貢を出しなさい
定免法の採用
農民たち
このような対策のおかげで幕府の財政はよみがえった。
もっと民の声を聞かねば!
貧しい人たちを救う病院が必要じゃ
目安箱
目安箱の設置
しかし、負担が増えた農民たちの不満が高まり、百姓一揆などの数は増大した。
まず、裁判の判例をまとめるか。
公事方御定書
大岡
公事方御定書の制定
火消しを作るのもいいな!
大岡
オレに任せろ!
町火消しの設立
小石川養生所
小石川養生所の設立

56 田沼時代
（1767～1786年）

享保の改革の後、側用人から老中となり政権を担当したのは田沼意次である。「賄賂政治」の代表のようにもいわれるが、実は画期的な財政家だったとして再評価もされている。田沼の政治を見てみよう。

享保の改革後も、幕府財政は完全には立ち直らず、厳しい状態が続いた。

10代将軍
徳川家治
あ～お金が……

次に政治改革を行なったのが、9・10代将軍に仕え、特に10代将軍家治の時代に権力の座に就いた田沼意次である。

田沼意次

江戸時代まで、経済は米を中心に動いていた。

貴族や武士は一定の土地を治め、そこからの年貢（税）で財政を賄っていた。

年貢

給与

家臣への給与も基本、米で支給された。

しかし、豊作不作は天候に左右され、価格は安定しなかった。

そのため、財政も安定することがなかった。そこで……

田沼意次は、農業ではなく、商業と結びついて財政を立て直そうとした。

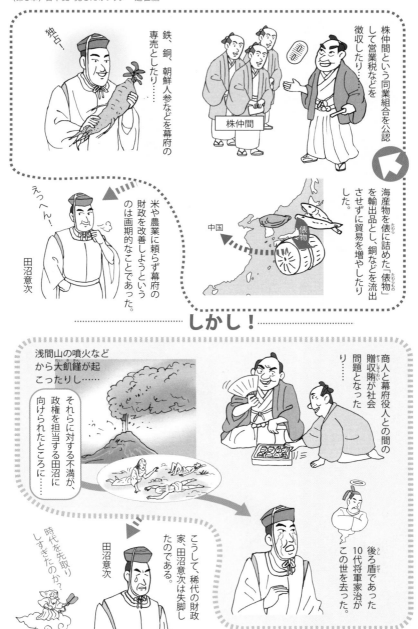

株仲間という同業組合を公認して営業税などを徴収したり……

株仲間

鉄、銅、朝鮮人参などを幕府の専売としたり……

独占!

海産物を俵に詰めた「俵物」を輸出品とし、銅などを流出させずに貿易を増やしたりした。

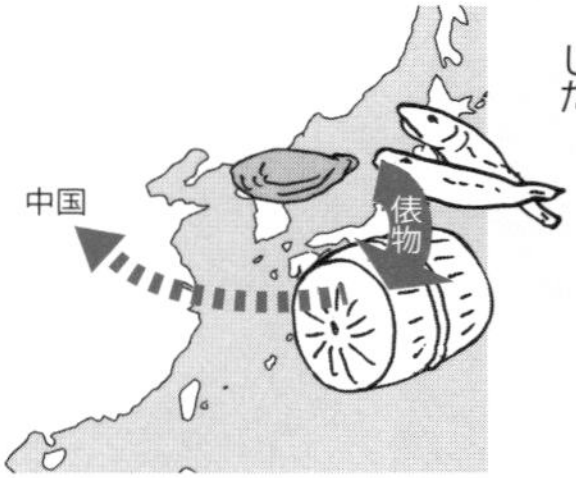
中国
俵物

米や農業に頼らず幕府の財政を改善しようというのは画期的なことであった。

えっへん!
田沼意次

しかし!

商人と幕府役人との間の贈収賄が社会問題となったり……

浅間山の噴火などから大飢饉が起こったりし……

それらに対する不満が、政権を担当する田沼に向けられたところに……

後ろ盾であった10代将軍家治がこの世を去った。

こうして、稀代の財政家、田沼意次は失脚したのである。

田沼意次
時代を先取りしすぎたのか?

57 寛政の改革
（1787〜1793年）

田沼時代の後、政権を担当したのは、白河藩主として実績を残した松平定信であった。彼は、祖父・8代将軍徳川吉宗の享保の改革をモデルにして、「寛政の改革」と呼ばれる政治改革を始めたのだが……

田沼意次が失脚したのち、11代将軍家斉のもとで政権を担ったのが松平定信であった。
松平定信
実は、8代将軍吉宗の孫で「将来は将軍に」と期待されていたが……
徳川吉宗
孫よ！
おじいちゃん！
松平定信
若い頃、田沼らの画策で白河藩に養子に出され、将軍の夢は潰えた。
松平定信
田沼意次
のちに松平定信は、田沼派を排除し、幕府で実権を握ると……
田沼意次
松平定信
株仲間の制限、専売制の廃止など、田沼の政治を否定する動きを始めた。
株仲間
そして、寛政の改革が始まった。
まずは武士を貧しさから救おう！
質素倹約じゃ！
倹約令
古い借金棒引き！
ドキッ
棄捐令
旗本
金貸し

その結果

米を中心とした旧体制の強化を図った定信の改革は、米の備蓄など評価される面もあったが……

借金棒引きされた金貸しや出版統制などで窮屈な思いをした庶民からの評判は悪かった。

やがて、将軍家斉とも仲違いし、定信は失脚したのである。

真面目というか、硬すぎて嫌いじゃ
徳川家斉
松平定信
改革は約6年で終わったのじゃ！

飢饉などに負けない対策が必要だ
七分積金
囲米
お金や米を普段から備蓄しておこう！

みんな、きちんと働くように！
人足寄場設置
旧里帰農令
故郷に帰って農業せよ！
無宿人に、職業訓練を！

風紀を取り締まらないとな
出版統制
風俗を乱す本はダメ！
寛政異学の禁
陽明学
古学など
朱子学
朱子学以外は禁止！

58 化政文化
（18世紀末～19世紀初め）

関ヶ原の戦いから約200年。江戸を中心として天下泰平の世が続き、町人も力をつける中で、この時期、江戸庶民を担い手とした文化が花開いた。文化文政期（1804～1830年）を中心とした化政文化である。

天下泰平の江戸の町で、庶民は相撲や歌舞伎、旅行などを楽しんでいた。

成田屋！
大入

富士がきれいだねぇ！

雷電がんばれ！

一方で、寺子屋の普及で識字率が向上するなど、庶民の教養も高まり……

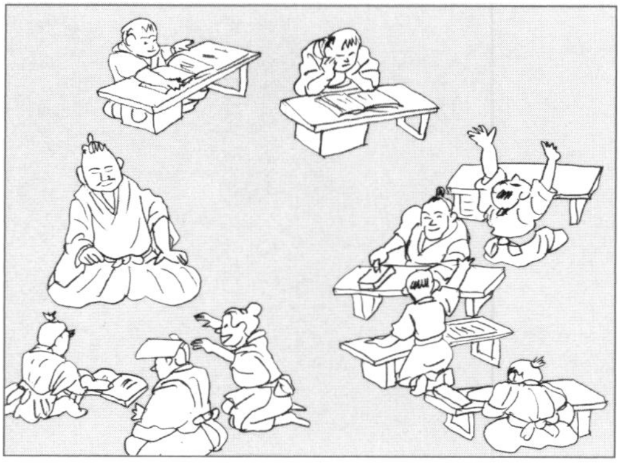

庶民の需要に合わせた文化がいろいろと花開いた。たとえば……

浮世絵

浮世絵はそば一杯（十六文）より少し高いくらいの価格（約二十文〜）で手に入る庶民の娯楽品だった。

やっぱ美人画でげしょう！

あたしゃ、名所絵がいいねぇ！
私は役者絵が好き！

文学

文学では、江戸庶民「弥次さん、喜多さん」が繰り広げる珍道中『東海道中膝栗毛』や

大冒険活劇『南総里見八犬伝』ら、さまざまな名作が、庶民の心を熱くした。

一方で、西洋の文明も徐々に紹介されるようになった。

蘭学（洋学）ブームの先駆けとなる医学書『解体新書』が出版され……

平賀源内はエレキテル（摩擦起電器）などを制作。

測量などの科学技術も発展した。

59 大塩平八郎(おおしおへいはちろう)の乱

(1837年)

大坂町奉行所の元与力で、陽明学者の大塩平八郎が、貧民救済を訴えて反乱を起こした！ 大塩とはどんな人物で、なんのために乱を起こしたのか？ そして、幕府や社会に与えた影響とは？

江戸時代、大坂は経済の中心地として栄えていた。

上

幕府は、江戸や京都、長崎と同様に大坂を直轄地とし、大坂の町は町奉行が治安などを守っていた。

町奉行

その大坂町奉行の配下で名与力として活躍していたのが、大塩平八郎である。

大塩平八郎

多くの悪者を捕縛して、人気のあった大塩は……

頭もよく、30代で辞職して陽明学の学者となり、塾も開いていた。

そんな折、世にいう「天保の大飢饉(てんぽうのだいききん)」が起こる。大坂市中でも餓死者が出るほどであった。

大塩は貧民救済を町奉行所に訴えたが……
何とぞ、貧民を救済してください！
東町奉行跡部良弼
奉行所は、願いを聞き入れないばかりか、幕府の要請を受け入れ、江戸に米を送ってしまう始末……
大塩は蔵書を売って貧民救済に当てたが、もちろん、それも行詰まり……
ついに、奉行所の役人や私腹を肥やす悪徳商人たちを懲らしめるため……
決起の時じゃ！
門弟や農民を率いて反乱を起こしたのである。
結果、大坂市中の5分の1が焼ける大騒動となったが……
幕府軍の出動により、1日で乱は沈静化。**大塩は逃亡後、自害**した。
幕府軍
しかし、人望の厚い役人だった大塩の蜂起は、幕府の役人に動揺を与え、貧しい庶民らの心に火をつけた。
ドドーッ
この乱を契機とし、各地で反乱が相次いだのである。
人々の不満はいよいよ増していく。幕府崩壊まであと30年じゃ。

60 天保の改革

(1841〜1843年)

続発する一揆や打ちこわし、開国を迫り近づく外国船……。内憂外患の中、政治改革を行なったのが老中・水野忠邦であった。さまざまな問題に断固たる態度で立ち向かっていった水野であったが……。

大塩平八郎の乱が起こったのは11代将軍家斉の時代。家斉は贅沢を好み、子を55人もつくった。
人生、楽しく生きねばな!
徳川家斉
そのせいで、民が飢えておるのに！
大塩平八郎
その家斉は、大して実績を残さぬまま1841年、この世を去り……
あとはよろしく!!
跡を継いだ子の12代将軍・家慶は……
あとはよろしく!!
徳川家慶
老中の水野忠邦に政治をゆだねた。
は！
水野忠邦
水野がかかえたのは、大変な難題ばかりだったが……
綱紀粛正
飢饉対策
外交問題
財政再建
水野忠邦
パチパチ
徳川吉宗
松平定信
パチパチ
意を決して、「天保の改革」に取り組んだ。手本となったのは享保の改革や寛政の改革である。
水野忠邦

綱紀粛正

倹約令

贅沢禁止！
娯楽も禁止

水野忠邦

派手な服や贅沢な食事はダメ。

ワシも？

徳川家慶

男女の愛欲を描いた本などは発禁に

芝居小屋は場末（ばすえ）に移転、寄席の数も 500→15 軒に

外交問題

それまで幕府は、無断で近づく外国船など打ち払え、という立場だったが……

間違って、オランダ船を撃っても可

隣の大国・清（しん）（中国）がアヘン戦争で負けたと聞くと…

薪水給与令（しんすいきゅうよれい）

マジ？

水野忠邦

外国船が来たら、水や燃料を与えて早々にお帰りいただくという、弱腰外交に転換した。

財政対策

株仲間は商品の値段をつり上げるからと解散させ……

株仲間

人返し（ひとがえし）の法

しっしっ！

農村復興のため、出稼ぎ農民などは強制的に帰村させた。

上知令（じょうちれい）

諸大名

また、江戸・大坂周辺の地を直轄地にしようとしたが、これは関係諸大名らの反対に遭（あ）い、失敗。

その結果、多くの人の怒りを買い……

商人

徳川家慶

諸大名

庶民

水野は失脚。改革は2年あまりでとん挫した。

水野忠邦

水野が悪かったのか、もはや幕政が限界にきていたのか？

61 黒船来航
（1853年）

1853年、「太平の眠りを覚ます」とうたわれたペリーの艦隊が来航。江戸は大騒ぎとなり、「開国か？ 攘夷か？」意見も二分された。時代は一気に風雲急を告げ、幕末へと動き出すのである。

1853年6月3日、4隻の黒船が江戸湾の浦賀にやって来た。
アメリカ軍人・ペリーは、日本に開国を迫る大統領の国書を持って、やって来たのである。
風もないのに蒸気の力で動く、黒くて巨大な軍船を見て、人々は大騒ぎした。
ズドーン
しかも、ペリーは、時に空砲を撃つなど、高圧的な態度に出たため……
幕府の役人も対応に苦慮した。

老中阿部正弘は……
鎖国の慣習を守り、黒船を打ち払う（攘夷する）べきか、それとも開国すべきか？大名や庶民からも意見を集め……
攘夷！
開国！
開国！
攘夷！
庶民
大名
阿部正弘
とりあえず国書は受け取り、結論は翌年に出すことにした。
とりあえず来年ということで……
こいつ、ホントに大丈夫？

開国の是非を広く国民から求めたことは……
力を貸してくれ!
勝海舟(かつかいしゅう)
川路聖謨(かわじとしあきら)
江川太郎左衛門
がんばりま～す!
越前福井藩主 松平春嶽(まつだいらしゅんがく)
水戸藩主 徳川斉昭(とくがわなりあき)
土佐藩主 山内容堂(やまうちようどう)
薩摩藩主 島津斉彬(しまづなりあきら)
協力してやっていきましょ～!
能力ある下級武士を登用するきっかけにもなったが……
外様大名
親藩・譜代大名

これまで、幕政には関わらないことが通例となっていた外様大名までが、政治に口をはさむきっかけにもなっていく。

これが幕府崩壊の遠因となっていくのじゃ!
年明けすぐ、ペリーは、今度は7隻もの軍艦を率(ひき)いて来日する。

この時点では、外国人は力ずくでも追い払えという意見のほうが強かったが……
今、戦(いくさ)などしたら、中国と同じように戦争に敗れ、外国の食い物にされてしまう!
外国から学ぶことも多いと勝もいっておったし……
幕府は開国を決意!
信じてよかったんだ……
日米和親条約
が結ばれ、その後、ロシア、イギリス、オランダとも同様の条約が結ばれた。
ペリー
阿部正弘

62 桜田門外の変
(1860年)

異国との通商条約締結と次期将軍を誰にするかという2つの問題が幕府を揺るがしていた頃、鳴り物入りで大老となったのが井伊直弼である。彼は、反対派を粛清するなどの剛腕を振るったが……。

日米和親条約締結後、日本に来たアメリカ総領事・ハリスは……
ハリス
貿易しましょ！
もうかりまっせ！
実は商人→
開国しただけでなく、ちゃんと貿易をしようと、通商条約の締結を求めてきた。
阿部正弘
しかし、これ以上外国の言いなりになるのを咎める声もあり、幕府は大いに頭を悩ませた。
一方、ペリー来航の直後に12代将軍家慶が亡くなり、13代将軍となった家定は病弱だったので、
徳川家定
その次の将軍をあらかじめ決めておくことになったが、これも大もめ。
徳川斉昭
島津斉彬
一橋慶喜
一橋派
聡明な一橋様が適任じゃ！
血縁なら慶福様じゃ！
徳川慶福
大奥の女中
井伊直弼
南紀派
そんな最中、1857年、阿部正弘が急死。翌年、井伊直弼が大老となると……
阿部正弘
井伊直弼
通商条約は締結！
と、強引に決めてしまった。
アメリカ、オランダ、ロシア、イギリス、フランスと条約締結。
次の将軍は慶福様！
徳川家茂
同年、家定は死去し、慶福が14代将軍家茂となる。

当然反対派は怒り、抗議したが……
まあ まあ
徳川斉昭
島津斉彬
井伊直弼は逆に反対派を捕縛、処罰した。
徳川斉昭
山内容堂
島津斉彬
反対派の大名や公家、役人などは
「謹慎」、「剃髪」、「罷免」等の処罰を受け……
無念！
吉田松陰や橋本左内が刑死となった。
無念！
これにより反対派の怒りは頂点に達した！
桜田門外の変
そして迎えた1860年3月3日、季節外れの雪が降る中……
水戸浪士らによって井伊直弼は暗殺された。
テロが歴史を変えた稀有な例じゃ。
尊王攘夷
幕府より朝廷を大事にし……
外国人を追い払おうという考え方
この事件の後、幕府に対し異を唱える尊王攘夷派の勢いが増すことになる！

63 攘夷派の暗躍と受難
（1860〜1865年）

桜田門外の変により、強権を行使した井伊直弼が没すると、長州藩をはじめとする尊王攘夷派の勢いは増した。しかし、彼らの天下は長く続かず、その後多くの受難が待ち受けていた。

長州藩らを中心とした尊王攘夷派の武士たちは

外国人やその施設を襲撃したり

反対派を暗殺したり

尊王攘夷派の公家と組んで、強引に将軍を京都へ呼び寄せ、攘夷の実行を迫ったりした。

しかし、これら尊王攘夷派の過激な活動を快く思っていなかった者も多く……

調子に乗りすぎだ！

八月十八日の政変
御所には近づかせぬぞ！
なに〜！

1863年、薩摩藩や会津藩は、天皇や公家を味方につけ、長州藩士ら尊王攘夷派の武士を京都から追放。

京都守護職
松平容保
會

新選組の誕生

ちなみにこの時、幕府の下で京都の治安維持に活躍したのが会津藩や新選組である。

長州藩士や7人の尊王攘夷派の公家たちは長州藩領へと落ち延びた。（七卿落ち）

このクーデターにより一気に尊王攘夷派の力は弱まったのじゃ。

その後、長州藩士らが復権を目指し、京都の旅館池田屋で作戦を練っていたところ

池田屋事件

新選組の襲撃に遭い、多くが殺害または捕縛された。

新選組局長・近藤勇らはこの事件で大いに名を上げた。

池田屋事件の後、長州藩は、復権のための最終手段に出た。軍を率いて上洛したのである。

禁門の変（蛤御門の変）

松下村塾の英才・久坂玄瑞はこの戦いで命を落とした。

御所防衛戦で活躍したのが西郷隆盛

しかし、長州藩は結局、薩摩藩、会津藩らに敗れ、壊滅的な打撃を被ってしまう。

64 薩長同盟
（1866年）

尊王攘夷派の中心として活躍してきた長州藩、それに対抗しうるだけの力を持った薩摩藩。いがみ合ってきた２つの藩が手を組めば、幕府を倒し新しい世の中が訪れるかも……そう願い、あの男が立ち上がった！

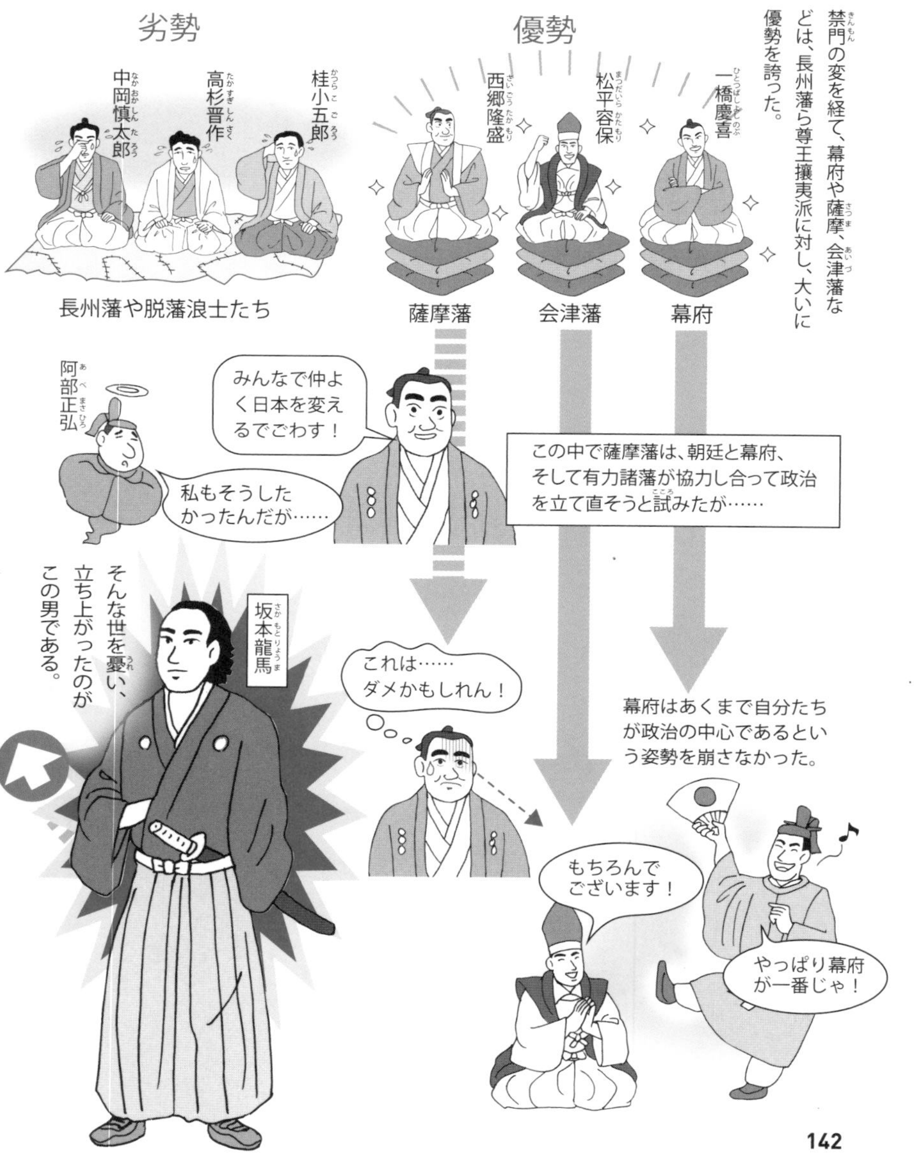

禁門の変を経て、幕府や薩摩、会津藩などは、長州藩ら尊王攘夷派に対し、大いに優勢を誇った。
劣勢
中岡慎太郎
高杉晋作
桂小五郎
長州藩や脱藩浪士たち
優勢
西郷隆盛
松平容保
一橋慶喜
薩摩藩
会津藩
幕府
阿部正弘
みんなで仲よく日本を変えるでごわす！
私もそうしたかったんだが……
この中で薩摩藩は、朝廷と幕府、そして有力諸藩が協力し合って政治を立て直そうと試みたが……
そんな世を憂い、立ち上がったのがこの男である。
坂本龍馬
これは……ダメかもしれん！
幕府はあくまで自分たちが政治の中心であるという姿勢を崩さなかった。
もちろんでございます！
やっぱり幕府が一番じゃ！

幕府を見限っていた土佐藩浪士の坂本龍馬と中岡慎太郎らは、幕府に対抗しうる勢力をつくろうとしていた。
坂本龍馬
中岡慎太郎
それには、力のある薩摩藩と長州藩の手を組ませるのが一番だったが……
この2つの藩は仲が悪かった。
長州藩士
禁門の変で戦った薩摩は敵じゃ！
薩摩藩士
長州はやりすぎだったでごわす！
桂小五郎
坂本龍馬
中岡慎太郎
西郷隆盛
そこで龍馬や中岡は、既に知り合いであった薩摩の西郷や長州の桂小五郎を中心に提携をあっせん。軍事同盟の前に経済協力を交わすなどの交渉を行なった。
やがて……
倒幕へとほぼ傾いていた薩摩藩と……
西郷隆盛
桂小五郎
幕府が戦を仕掛けてきており、軍事的な危機が迫っていた長州藩は……
過去の恩讐を越え、ついに、がっちりと手を結んだ。
薩長同盟締結の瞬間である。
中岡慎太郎
西郷隆盛
坂本龍馬
桂小五郎
これにより、260年の天下を誇った江戸幕府の崩壊が現実味を帯びることになったのじゃ！

65 大政奉還（たいせいほうかん）
（1867年）

薩長同盟が結ばれたのちに行なわれた第二次長州征伐で、幕府は長州に敗北を重ねてしまう。いよいよ倒幕運動が本格化するのは間近かと思われたその時、最後の将軍・徳川慶喜は、ある秘策を繰り出した。

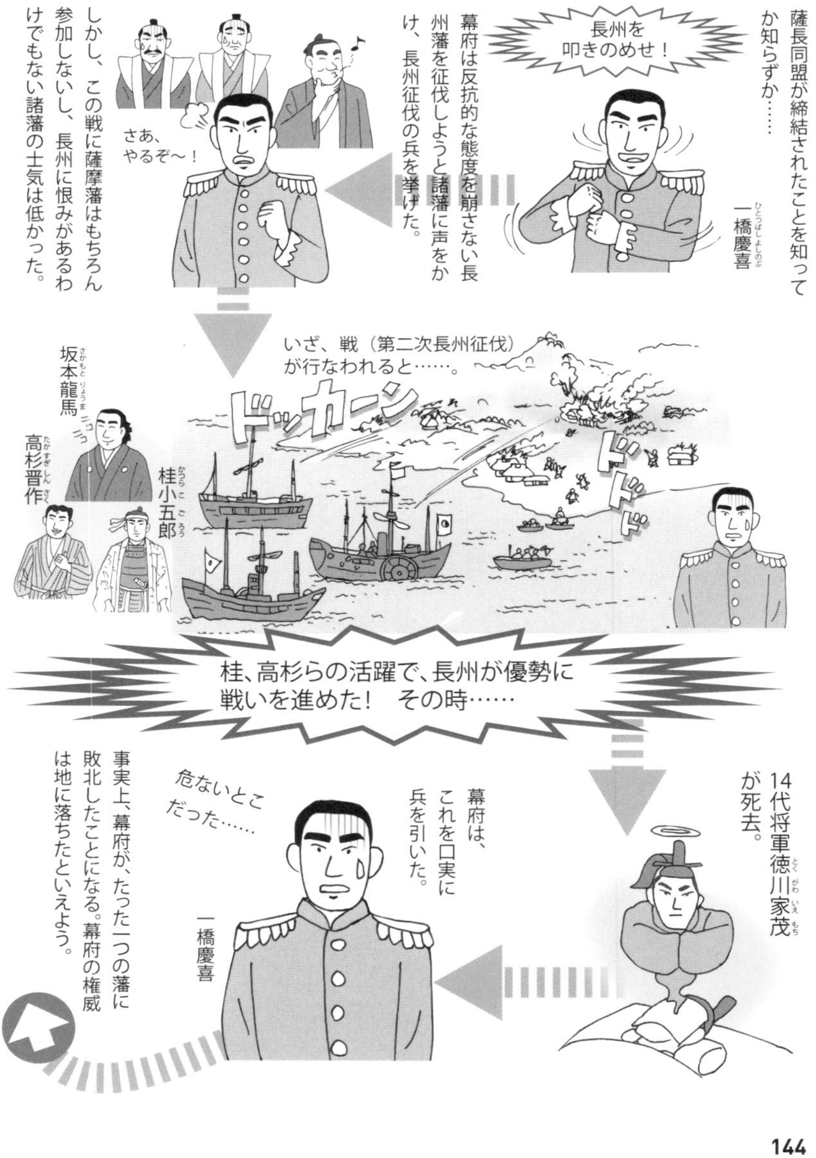

薩長同盟が締結されたことを知ってか知らずか……
長州を叩きのめせ！
一橋慶喜（ひとつばしよしのぶ）
幕府は反抗的な態度を崩さない長州藩を征伐しようと諸藩に声をかけ、長州征伐の兵を挙げた。
さあ、やるぞ〜！
しかし、この戦に薩摩藩はもちろん参加しないし、長州に恨みがあるわけでもない諸藩の士気は低かった。
いざ、戦（第二次長州征伐）が行なわれると……。
ドッカーン
ドドド
坂本龍馬（さかもとりょうま）
高杉晋作（たかすぎしんさく）
桂小五郎（かつらこごろう）
桂、高杉らの活躍で、長州が優勢に戦いを進めた！　その時……
14代将軍徳川家茂（とくがわいえもち）が死去。
幕府は、これを口実に兵を引いた。
危ないとこだった……
一橋慶喜
事実上、幕府が、たった一つの藩に敗北したことになる。幕府の権威は地に落ちたといえよう。

15代将軍には、これまでも幕府を率いてきた徳川（一橋）慶喜が就任した。

徳川（一橋）慶喜

しかし、危機的状況は続いていた。今、薩長らが倒幕に動いたら、幕府は滅びるかもしれない。

そんな時、土佐藩前藩主山内容堂が妙案を持ってきた。

山内容堂
徳川慶喜
ひそひそ

山内容堂
後藤象二郎
ひそひそ
!

実は、この妙案を容堂に吹き込んだのは、土佐藩重役の後藤象二郎で……

後藤象二郎
坂本龍馬
ひそひそ
!

その後藤に案を授けたのは、土佐藩浪士坂本龍馬だったとされている。

その妙案とは……

大政奉還

すなわち、幕府が先手を打って、政権を朝廷に返還することであった！

政権を返上すれば、倒幕派はその名目を失う。しかも、何百年も政権から離れていた朝廷に政治などできるわけがない、と考えた。

大義名分を失った薩長は襲ってこられまい
朝廷は、江戸・大坂・京都などを直轄地に持つ日本一の大名・徳川家（旧幕府）を頼ってくるしかないはず

徳川慶喜

逆転の発想が生んだ、起死回生の妙案じゃ。しかし、この年、その影の立役者・坂本龍馬は暗殺されるのじゃ。

66 戊辰戦争

（1868～1869年）

大政奉還により、倒幕戦争は回避されたかに思えたが、やがて新政府軍と旧幕府軍の間で戦火が起こる。戊辰戦争である。数々の悲劇を生みながら、1年半にわたって続いた内戦の模様を見ていこう。

なんとかして幕府を倒したい薩摩藩は……
西郷隆盛
江戸に刺客を放ち、強盗や放火などをさせて幕府を挑発した。
幕府に味方する庄内藩への銃撃事件まで起こすと……
薩摩をやっつけようという声が高まる中……
我慢が限界に達した庄内藩士は薩摩藩邸を襲った。
ついに、徳川慶喜も薩摩を討伐するよう指令を発する。
お、お～
徳川慶喜
鳥羽伏見の戦い
薩摩の思うつぼであった。
ニヤリ
こうして、旧幕府軍と薩長ら新政府軍の争い（戊辰戦争）の初戦となる「鳥羽伏見の戦い」が勃発した！

戦いは新政府軍がやや有利といった状況で推移していたが……

錦の御旗

戦いの途中で、新政府軍は官軍（朝廷軍）の象徴である錦の御旗を掲げた。

われら官軍！
新政府軍兵士
賊軍は嫌じゃ
旧幕府軍兵士

これにより新政府軍は活気づき、賊軍（朝敵）とされた旧幕府軍からは寝返る者も出る始末。

これにより旧幕府軍の敗戦は決定的となる。
徳川慶喜は江戸へ逃げかえり、恭順の姿勢をとった。

降参！
徳川慶喜

その後、新政府軍は幕府の本拠地、江戸へと迫ったが……

しかし、その後も敗北に納得できない旧幕府軍の抵抗は続いた！

上野に籠った彰義隊は、新政府軍のアームストロング砲により1日で壊滅した。

長州の宿敵・会津藩は籠城。山本八重の活躍、白虎隊の悲劇などを経て、やがて降伏した。

箱館五稜郭では、新選組副長土方歳三らが戦死。リーダーの榎本武揚らは降伏した。

新政府軍代表・西郷隆盛と幕府代表・勝海舟との間で話し合いが持たれ、戦争は回避された。江戸城は無血開城が決まり、江戸幕府260余年に及ぶ歴史は、名実ともに終了した。

約１年半にわたり、8000人以上の犠牲者を出したのじゃ。

他にも多くの争いはあったが、五稜郭の戦いを最後に戊辰戦争は終了したのである。

江戸の暮らしは天国か？ 地獄か？

「天下泰平」とうたわれた江戸時代。一般の人々はどんな暮らしをしていたのでしょうか。

のんびりと平和な暮らしをしていた、という人がいます。「大気汚染のないキレイな空気を思い切り吸い込んで、大自然に囲まれた優雅な暮らしを楽しんでいた」、「冷凍冷蔵、食品加工の技術が進んでいなかったからこそ、旬（しゅん）の新鮮な食材だけを口にしていた」、「行商人やモノづくりの職人などが多く、自分のペースで働いて一人前の暮らしができた」、「時には歌舞伎（かぶき）、寄席（よせ）、相撲（すもう）、遊郭通（ゆうかくがよ）いなど、今では贅沢（ぜいたく）と思えるような娯楽を庶民も堪能（たんのう）していた」、「ゴミはほとんどなく、モノは大切にリサイクルするエコな暮らしをしていた」などと、江戸時代を礼賛する人の主張も間違いとはいえないでしょう。

逆に、江戸時代はとても現代人では住めない暗黒な時代だった、という人もいます。「インフラが整備されていないから、井戸もトイレも共同で、道路はほこりだらけ」、「衛生観念に乏（とぼ）しかったから、腐ったものまで売っており、現代人が江戸の町に行ったら、すぐにお腹（なか）をこわすだろう」、「住み込みの奉公人などは、ろくに休日もなく、まさにブラック企業だらけだった」、「人権は尊重されず、一方的な立法や裁判で死刑や島流しに遭（あ）うこともあった」、「感染症がはびこっていたのに、医療は非科学的なものも多く、平均寿命は短かった」など、こちらの主張もなかなか説得力がありそうです。

結局のところ、各時代の暮らしにはよい面も悪い面もあり、一概にどちらがよいかを決めつけるのは難しいといえるでしょう。スマホもインターネットもなかった昭和の時代が、現在より幸せだったのか、不幸だったのかという、つい最近の話題でさえ、明確な答えを見つけるのは難しいのですから。

Nihonshi Mirudake Book

〈第4章〉

日本史
見るだけブック
近現代編

所得倍増計画
平成
令和

67 明治維新
（1868年～）

戊辰戦争が行なわれている間も、明治新政府は動き出していた。江戸を「東京」とし、これまでの幕藩体制とはまったく違う中央集権体制を整えるために、数々の施策を行なっていったのである。

政治の中心地は、京都ではなく、江戸と決まった。明治天皇は京都から江戸へ移り、江戸は「東京」と改称された。

東京
ポイッ
江戸
東京

江戸無血開城後、まだ戊辰戦争は続いていたが、新政府（明治政府）は動き出した。

あの苦労が報われた……
七卿落ちした一人
三条実美
岩倉具視

政府を動かしていたのは、三条実美、岩倉具視らの公家と

幕末に功績のあった、主に**薩**摩、**長**州、**土**佐、**肥**前藩（薩長土肥）の藩士たちであった。

木戸孝允（桂小五郎）
長
西郷隆盛
薩
大隈重信
肥
板垣退助
土
伊藤博文
長
大久保利通
薩
江藤新平
肥
後藤象二郎
土

年号は「明治」とされ、以降、一人の天皇の御代において元号は一つだけとされた。（一世一元の制）

明治
明治天皇

大きな変化が一挙に起こったぞ！

版籍奉還

1869年、明治政府は、各藩の藩主（大名・殿さま）から土地と人民を天皇に返上させた。

「知藩事」に名が変わるだけかな？
はいっ
旧藩主

しかし、旧藩主がそのまま「知藩事」としてその地を治めたので、実体はあまり変わらなかった。

廃藩置県

ところが、1871年、政府は藩をなくして県や府とし、中央から府知事や県令を派遣。用済みとなる知藩事は東京に住まわせることとした。

藩
藩がなくなっちゃう…
ま、借金もなくなるからいいか……。

しかし、各藩は戊辰戦争などで力をなくしていたし、借金などは政府が肩代わりしてくれたので、大きな抵抗はなかった。

そのうえで……

地租改正

年貢に代え、地価の3%を現金で納めよ！
政府役人
新政府になったのに負担が大きいぞ！

と、一揆が起き……

地租は2・5%となったが……

明治政府が全国を一律で治める、中央集権体制が整っていった。

その他にもさまざまな施策を行なった

四民平等

大名や公家は華族、武士は士族、農工商人は平民とされたが、身分間の結婚や職業選択は自由となり、平民も苗字を名乗ることができるようになった。

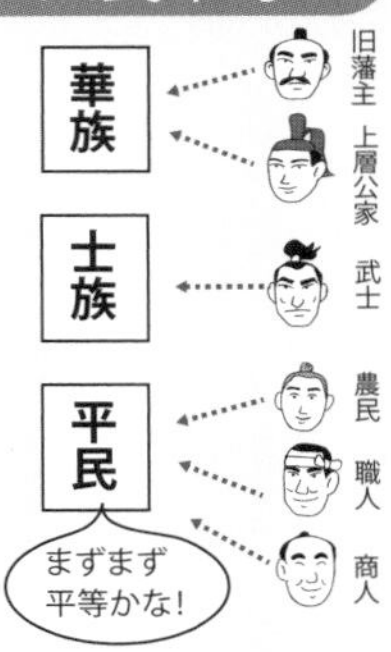
華族
士族
平民
旧藩主
上層公家
武士
農民
職人
商人
まずまず平等かな！

徴兵令

陸軍卿 山県有朋
20歳以上の男子には兵役を課す！
負担が増える
武士の仕事がなくなるじゃん！

68 士族(しぞく)の反乱
(1874～1877年)

明治政府の急激な改革によって、武士(士族)たちの不満は高まっていった。それはやがて、幕末維新の功労者たちも巻き込み、武力をともなう反乱へと発展する。俗にいう「士族の反乱」の経緯を見ていこう。

一方、1873年、意見の対立から多くの人材が政府を離れるという事件が起きる。

明治6年の政変
推進派
反対派
西郷隆盛(さいごうたかもり)
板垣退助(いたがきたいすけ)
江藤新平(えとうしんぺい)
岩倉具視(いわくらともみ)
木戸孝允(きどたかよし)
大久保利通(おおくぼとしみち)
征韓論(せいかんろん)!
韓国を武力で開放させる
↓
下野(げや)

そのうち、江藤新平や西郷隆盛は故郷へ帰った。

1874年、江藤新平を首領として新政府に不満を持った佐賀の士族たちが反乱を起こした!

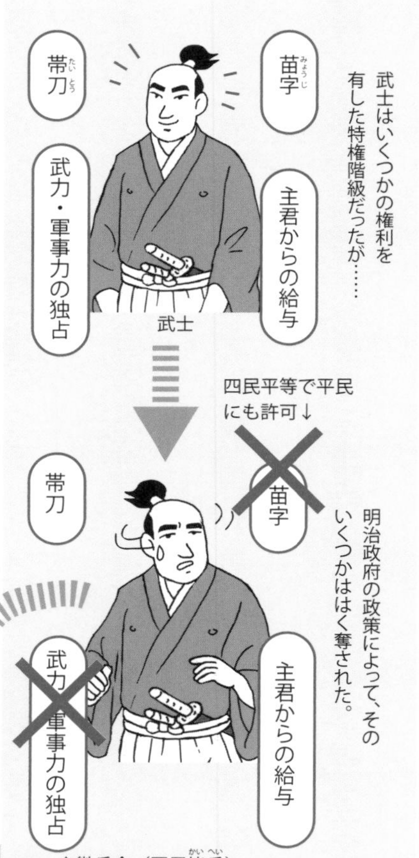

武士はいくつかの権利を有した特権階級だったが……
帯刀(たいとう)
苗字(みょうじ)
武力・軍事力の独占
主君からの給与
武士
四民平等で平民にも許可↓
帯刀
苗字
武力・軍事力の独占
主君からの給与
明治政府の政策によって、そのいくつかははく奪された。
↑徴兵令(国民皆兵(かいへい))

佐賀の乱

乱は約2週間で鎮圧されたのだが、武士の不満はとうとう形になって現れるようになったわけである。

その後、武士はほぼ完全に特権を外され……

→廃刀令
帯刀
苗字
武力・軍事力の独占
主君からの給与
秩禄処分←

武士の怒りは頂点に達する。

廃刀令、秩禄処分が出された1876年、各地で士族の反乱が勃発した。

萩の乱
秋月の乱
敬神党（神風連）の乱

いずれも数日で鎮圧されたが、その翌年、ついに……

幕末、戊辰戦争の英雄・西郷隆盛をリーダーとして薩摩の兵士たちが立ち上がった。西南戦争である。

西南戦争
西南戦争は半年以上も激戦が続いた後、鎮圧され、西郷は自害した。

これにより武力による反乱は終わりを告げたのじゃ。

もう、ここらでよか

69 自由民権運動
（1874～1890年）

武士など、政府に不満を持つ人たちの反発は、主に２つの方向にむかった。１つは前述の武力による反乱。もう１つは、言論による自由民権運動である。帝国議会開設に至る経緯を見ていくことにしよう。

士族たちの不満は、武力による反乱とは別の方向にもむけられた。

自由民権運動

である。

明治６年の政変で下野した板垣退助や後藤象二郎、それに佐賀に帰る前の江藤新平らは……

岩倉具視
木戸孝允
大久保利通
西郷隆盛
板垣退助
江藤新平
征韓論！

政府に対し、「民撰議院設立の建白書」を提出した。

左院議長
よろしく！
建白書
後藤象二郎
板垣退助

要は、議会をつくって、薩摩・長州出身者が牛耳っている政府（藩閥政府）に対し、武力ではなく言論で対抗しようという動きである。

板垣退助
大久保利通
後藤象二郎
伊藤博文

政府は集会条例などをつくって運動を弾圧したが……

ここで事件が起こった！

開拓使官有物払下げ事件

要は、同じ薩摩藩出身の政府高官（黒田清隆（くろだきよたか））と実業家（五代友厚（ごだいともあつ））との癒着が疑われた事件である。

特定の藩出身者だけが牛耳っている政府はダメだな
町の声
伊藤博文

これらにより、ますます批判が高まった藩閥政府は、10年後の1890年に国会を開設することを約束する。

10年後の国会開設を目指して

政府は、内閣制度を確立したり、大日本帝国憲法を制定したりといった準備を進めた。

反政府派は、政党をつくるなどし……

憲法制定
↓天皇大権の明文化、貴族院の設立など

内閣総理大臣

内閣制度
↓政府の強化！

伊藤博文（いとうひろぶみ）

立憲改進党

自由党

大隈重信（おおくましげのぶ）

板垣退助

こうして、約束の1890年、第一回衆議院選挙が行なわれた。

やがて、念願の帝国議会が開かれたのである。

投票率は93・9%もあったのじゃ！

70 文明開化（ぶんめいかいか）
（1868年～）

政府は、欧米諸国に追いつき追い越そうと懸命になって西洋文化を取り入れようとした。各種インフラなどが整備され、わずかな期間で都市から順に、その生活は大きく変わっていったのである。

ガス灯

明治政府は積極的に欧米の文化を取り入れた。

学制

1872年、フランスの制度にならって「学制」が公布された。

殖産興業（しょくさんこうぎょう）

西欧ふうの工場などが建てられ、外国人を雇って官営事業などが行なわれた。

洋風建築
鉄道馬車
人力車

鉄道

暦や時刻も西洋と
同じものになり、
貨幣も新しく
なった。

その他、鉄道、郵便、電信、電話などの
インフラが整備されていき……

洋画などの西洋文化ももてはやされたぞ。

郵便

電信、電話

71 欧化政策と条約改正

（1868～1911年）

明治政府の悲願、それは、江戸幕府が諸外国と結んだ不平等条約を撤廃することだった。そのため、政府は欧化政策を進め、西洋諸国と対等であることをアピールし続けたのだ。苦難の歴史を振り返ってみよう。

明治政府が欧化政策をとった理由の一つに「条約改正交渉を円滑に進めるため」というのがあった。

江戸時代に結ばれた修好通商条約は……

関税自主権がなく……

関税が自由にかけられない！
外国人の犯罪を裁けない！
税
From USA

外国人の犯罪は、日本人ではなく当事者の国の人が裁く領事裁判権が認められていた。

それゆえ政府は、西洋文明を取り入れ、インフラの整備などを急ぎ

鹿鳴館

鹿鳴館をつくって外国人を呼び、連夜パーティーを続けた。

日本が西洋諸国と同様の文明国であることを見せつけ、条約改正を有利に運ぶためであった。

このような外交努力は、徐々に実を結び始めたかに思えたところで……
外務大臣
ドッカーン
当の外務大臣が暴漢に襲われたり……
外国要人が襲われた責任をとって外務大臣が辞任するなどして、一進一退を繰り返した。
外相・大隈重信やロシア皇太子が襲われたのじゃ。
ようやく領事裁判権が撤廃されたのが1894年。
陸奥宗光
関税自主権を回復したのが1911年であった。
小村寿太郎
これで罪を犯した外国人を裁ける！
やっと関税がかけられる！
税
From USA

72 日清戦争
（1894〜1895年）

欧米列強による植民地化が進むアジアにあって、日本はいち早く近代化を進め、列強への仲間入りを果たそうとした。しかし、それは新たなる国際紛争の幕開けでもあった。ついに日本は戦争へと走ることになる。

急いで開国、近代化を果たした日本は、ギリギリのタイミングで植民地になることは避けられた。

列強国
植民地

明治時代、世界には帝国主義がはびこり、欧米列強がアジアやアフリカなどで植民地を取り合っていた。

さらには、朝鮮を開国させ、勢力を広めようとした。
朝鮮

しかし、朝鮮を属国とみなしていた清（中国）はこれを快く思っておらず……

1894年、朝鮮で大規模な農民の反乱が起こると、日本と清の両国がともに出兵。

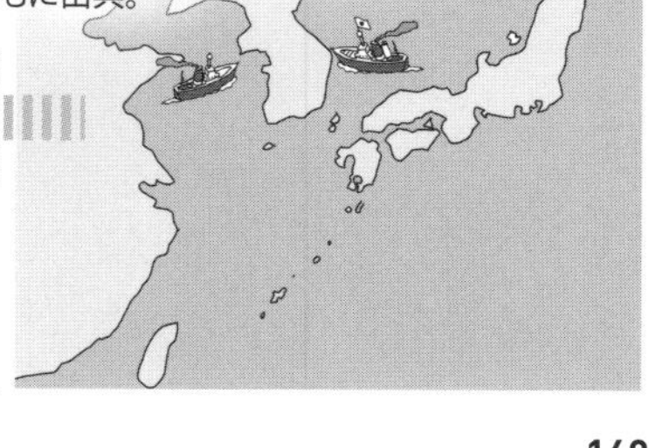

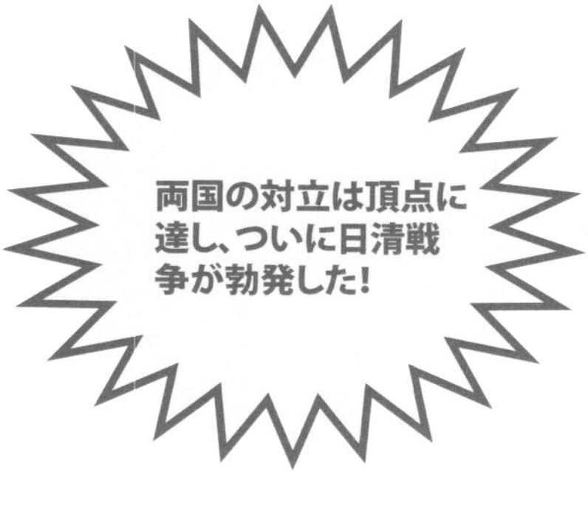
両国の対立は頂点に達し、ついに日清戦争が勃発した！

進め～!
山県有朋
日本軍は、いくつかの戦いで勝利を収め……

この勝利は、次なる戦いの序曲でもあったのじゃ。

翌年、下関で講和条約が結ばれた。

遼東半島
朝鮮
下関
蘇州
重慶
沙市
杭州
台湾
澎湖諸島

この結果、朝鮮の独立が認められ、日本は遼東半島、台湾、澎湖諸島と多額の賠償金を得、4都市の開港が決められた。

73 日露戦争

（1904～1905年）

日清戦争の後、日本は大国ロシアと対立し、やがて日露戦争が勃発する。日本は、20万人にもおよぶ膨大な死傷者を出し、なんとか勝利にこぎつけたが、そこで得られたのは誰もが満足できるものではなかった。

日清戦争で大きな勝利を収めた日本だったが……

伊藤博文

ロシアが、ドイツ、フランスを誘って横槍を入れてきた。

三国干渉
ドイツ
フランス
ロシア
ちょっと取りすぎ！遼東半島は返しなさい！

日本は涙を飲んで遼東半島を返還。国民の間で反ロシアの感情が高まっていく！

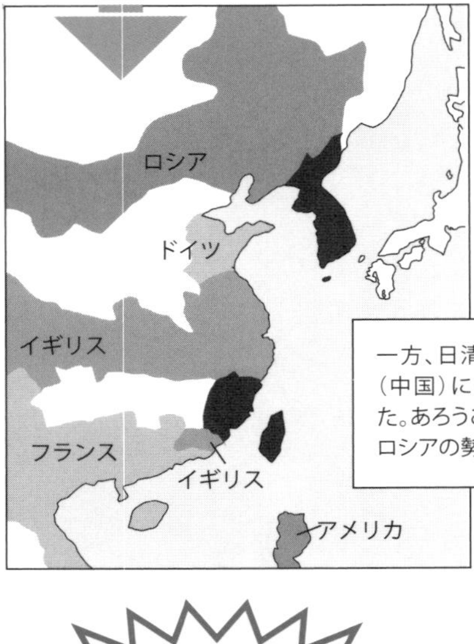
ロシア
ドイツ
イギリス
フランス
イギリス
アメリカ

一方、日清戦争で敗れた清（中国）には、列強が群がった。あろうことか、遼東半島はロシアの勢力範囲となった。

日本は、ロシアと対抗するため、イギリスと同盟を結び……

1904年、ついに両国は開戦！　日露戦争が勃発した。

進め〜！
大山巌
目標、203高地
乃木希典
日本は、大きな犠牲を出しながら、旅順を攻略し……
本日天気晴朗ナレドモ浪高シ
出撃！
東郷平八郎
日本海海戦などで勝利をものにする
ロシアも革命が起こり、戦争継続が厳しくなった。
しかし、徐々に日本の戦闘能力は限界に達し始め……
そこで、日露は、アメリカのセオドア・ルーズベルト大統領の仲介で講和条約を締結。
ウィッテ
小村寿太郎
日本は、韓国の支配権の承認、旅順・大連の租借地、長春―旅順間の鉄道権益、南樺太、沿海州の漁業権などを得た。
しかし、賠償金などは得られず、不満を持つ国民も多かったのじゃ。
樺太
長春
旅順・大連
大韓帝国

74 日韓併合と大戦
（1910年・1914年～）

日露戦争の後、日本はついに韓国併合を成し遂げる。さらに第一次世界大戦にも参戦して南洋諸島などを得たほか、中国本土にも権益を広げていく。しかし、その動きは反日の心も生んでいった。

いつの間にか、日本史の説明にも世界地図が必須になってきたのー。
日露戦争後の1910年、ついに日本は韓国を併合。
朝鮮総督府を置き、植民地支配を開始した。
初代総督寺内正毅
一方、その翌年、中国では辛亥革命が起こり、清が滅亡。**中華民国**が起こった。
大総統袁世凱
さらに、1914年、ヨーロッパを中心に、かつてないほど大規模な紛争「**第一次世界大戦**」が勃発した。
独
ドイツ
伊
イタリア
墺
オーストリア
三国同盟
英
イギリス
仏
フランス
露
ロシア
三国協商

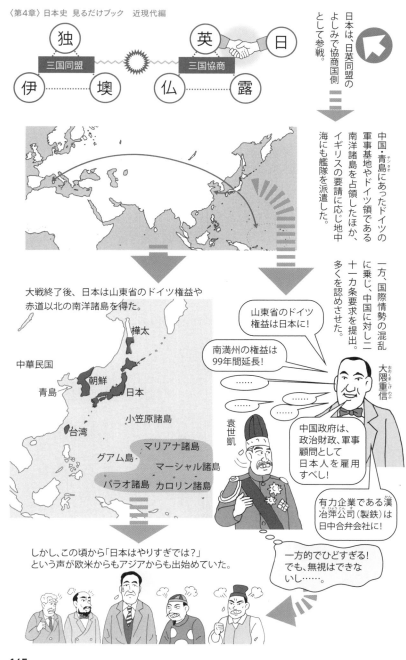

日本は、日英同盟のよしみで協商国側として参戦。

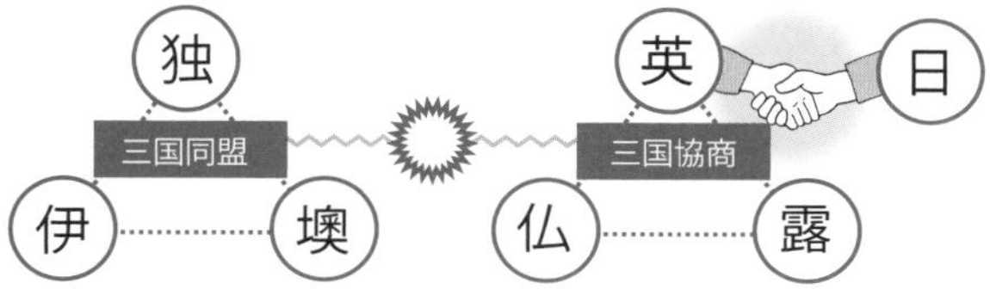
独
三国同盟
伊
墺
英
日
三国協商
仏
露

中国・青島(チンタオ)にあったドイツの軍事基地やドイツ領である南洋諸島を占領したほか、イギリスの要請に応じ地中海にも艦隊を派遣した。

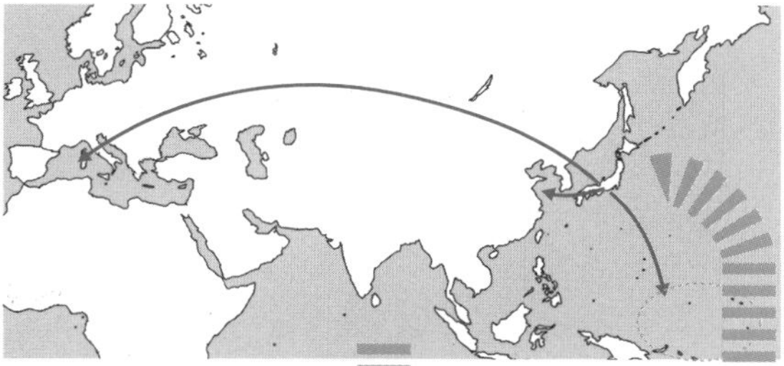

大戦終了後、日本は山東省のドイツ権益や赤道以北の南洋諸島を得た。

樺太
中華民国
朝鮮
青島
日本
小笠原諸島
台湾
マリアナ諸島
グアム島
マーシャル諸島
パラオ諸島
カロリン諸島

一方、国際情勢の混乱に乗じ、中国に対し二十一カ条要求を提出。多くを認めさせた。

山東省のドイツ権益は日本に!
南満州の権益は99年間延長!
……
……
……
……
大隈重信(おおくましげのぶ)
袁世凱
中国政府は、政治財政、軍事顧問として日本人を雇用すべし!
有力企業である漢冶萍公司(かんやひょうこんす)(製鉄)は日中合弁会社に!
一方的でひどすぎる! でも、無視はできないし……。

しかし、この頃から「日本はやりすぎでは?」という声が欧米からもアジアからも出始めていた。

75 大衆文化の発展
（1910〜1930年頃）

大正から昭和初期にかけては、都市化が進行し、大衆文化が大いに発展した。ガス、水道が普及し、都市ではサラリーマンや職業婦人が増えた。マスコミなども大いに発展した、この時代の様子を紹介しよう。

大正天皇

乃木希典らが殉死

1912年7月30日、明治天皇が崩御（死去）され、時代は大正へと移った。

この大正から昭和初期には、都市を中心に大いに大衆文化が栄えた。

街には、サラリーマンや職業婦人が増え……

大きなビルが建ち、車や自転車も目立ち始め……

就学率は99％を超え、女子学生の姿も珍しくなくなった。

個人も和洋折衷の文化住宅を建てるようになった。

明治大正期の東京のランドマーク「凌雲閣（十二階）」じゃ！

この時代、マスコミが大いに発展。

主婦之友
文藝春秋

多くの雑誌が創刊されたほか、

ラジオ放送も始まった。

大阪朝日新聞

新聞の発行部数は百万部を超え……

映画や演劇が娯楽としてもてはやされ……

地下鉄も開通した。

芥川龍之介（あくたがわりゅうのすけ）

もちろん、文学や絵画（かいが）など、豊かな芸術も生み出されていった。

76 震災と恐慌
（1920～1927年）

大正時代は、大衆文化が発展し、第一次大戦中は景気もよかった。しかし、戦後、不況に追い込まれる中、首都圏を壊滅的な地震が襲った。震災とその後の金融恐慌の様子を見ていくことにしよう。

第一次大戦中は、造船業などが活況を呈し、一挙に好況となったが……

戦争が終わると、株価は暴落。一挙に不況になった

そんな不況にあえぐ首都・東京を含む関東地方を、未曽有の災害が襲った。

1923年9月1日　関東大震災である。

マグニチュード7.9の激震と連続して起こった火災のために、東京や横浜の下町などは壊滅的な被害に遭った。死者行方不明者は10万人を超えたという。

首都発展のシンボル、凌雲閣（十二階）も崩れ落ちた。
（→167ページ参照）

生き延びた人々は震災から懸命になって復興を目指した。

他方、経済的には、不良債権化した震災手形の処理が問題となり、1927年、国会で審議が進む中、当の大蔵大臣が

東京渡辺銀行が破綻！

と失言。

破綻なんか
してないのに……

各地の銀行で取りつけ騒ぎが起こり、銀行の休業、企業の倒産などが相次いでいく。

これによって内閣は総辞職。次に大蔵大臣となった**高橋是清**は……

モラトリアム
（支払猶予令）発令!

経済の混乱を終息させるため、モラトリアム（支払猶予令）を出し、3週間銀行は休業となった。

その間に
お札を刷れ！
片面だけで
いいよ～～

一方で大量の紙幣を印刷。
（急ぐために裏は白の片面印刷とした）

お金なら
あるよ～
それなら、急いで下ろす
ことないか……。

モラトリアム明けに銀行に殺到した人々も、窓口に大量のお金があったので、安心したという。

金融恐慌は、いったん終息したのである。

しかし、経済の
不安定な状態は
続いたぞ。

77 軍部の台頭
（1930年代頃）

金融恐慌ののち、世界的な大不況の時代が訪れる。これがファシズム（独裁的な政治体制）を呼び、日本では軍部が台頭していく。のちに戦争の悲劇へとつながる、軍部が起こしたクーデター・テロ事件とは？

日本で金融恐慌が起きた２年後の1929年、ニューヨークの株式市場が大暴落。ここから不況が世界中に広まり、世界恐慌に陥った。

ここで、再び世界に目を向けよう。

The Daily News
BLACK THURSDAY!
Wall St in panic as stocks crash

対策として、植民地など大きな経済圏を持つ米英仏らは、自国と植民地だけで閉鎖的な経済圏をつくり、輸入品には高い関税をかけた。

需要を他国に逃がさず、逆に他国からは関税をとることで経済を守ろうとしたのだ。

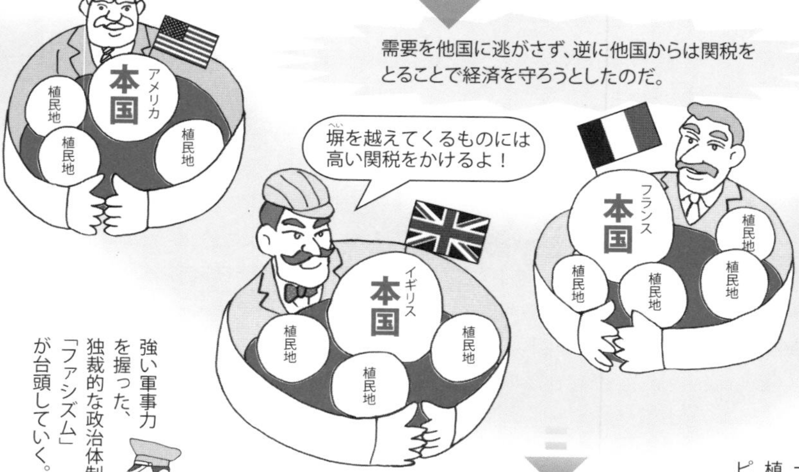

本国
アメリカ
植民地
植民地
植民地
塀(へい)を越えてくるものには高い関税をかけるよ！
本国
イギリス
植民地
植民地
植民地
本国
フランス
植民地
植民地
植民地
植民地

一方、そうなると、植民地の少ない国々はよりピンチになる。

強い軍事力を握った、独裁的な政治体制「ファシズム」が台頭していく。

ヒトラー
軍事力で植民地増やすか！
植民地ほしい！
関税高すぎ！
独
伊
日
まずは国内を統制しないとな
ムッソリーニ

他方、第一次大戦の頃から東アジアの反日感情はますます高まり……
欧米列強は、日本の拡大に懸念を示すようになった。
日本
これに対し日本は、米英らとの協調を大切にし、軍縮などに舵を切った。
仲よくしましょ!
軍縮します!
勝手に中国に手を出したりしませんから
ホントかな?
弱腰だ!
しかし、これらの政策に不満を持つ軍人も多かった。彼らの多くは、日露戦争の頃、軍人にあこがれ、出世した頃には軍縮の時代になっていた、という人たちだった。
やがて一部の青年将校らが事件を起こす。
1932年5月15日
五・一五事件
話せばわかる
問答無用!
犬養首相が死去。
政党内閣が終焉し、海軍大将斎藤実が組閣した。
1936年2月26日
二・二六事件
斎藤内相、高橋蔵相らが死去。
軍部大臣現役武官制の復活。軍拡路線に……。
首相官邸を占拠。
事件はすみやかに鎮圧されたが、軍部の力は強まっていった。
国外でも軍部が台頭していったぞ!

78 満州事変と日中戦争
（1931年・1937年）

日本軍は、国内だけでなく、中国大陸でも活発な活動を続けていた。1931年には満州事変を起こし、やがてその動きは1937年の日中戦争へと発展していく。日本はどんどん戦争の深みにはまっていった。

日露戦争で獲得した遼東半島南部や鉄道権益を守るため、この地には「関東軍」と呼ばれる軍隊が駐留したが……

長春
大韓帝国
遼東半島

この関東軍も満州（中国東北地方）を支配下に置こうと暗躍した。

張作霖

1928年、満州の実力者・張作霖を爆殺したが、これはうまくいかず。

満州事変

ドッカーン

1931年、関東軍は自ら南満州鉄道を爆破して口実をつくり、中国軍を攻撃。半年ほどで満州を占領した。

翌年、清朝最後の皇帝だった愛新覚羅溥儀を執政（のちに皇帝）として満州国を建国した。

しかし、その経緯に疑問を持った国際社会（国際連盟）は調査団を派遣。その正当性を否定すると……

日本は国連を脱退した。

当時の国連総会首席全権は松岡洋右

よろしく!
独
伊
日

国際的な孤立を深めた日本がドイツ、イタリアに接近していく中……、

国際連盟

1937年、北京郊外の盧溝橋で演習中だった日本軍が、銃撃の音を聞き、また1人の兵士が行方不明となったことから……

軍事衝突に発展。

盧溝橋事件

以降、宣戦布告がないまま、戦線は拡大。

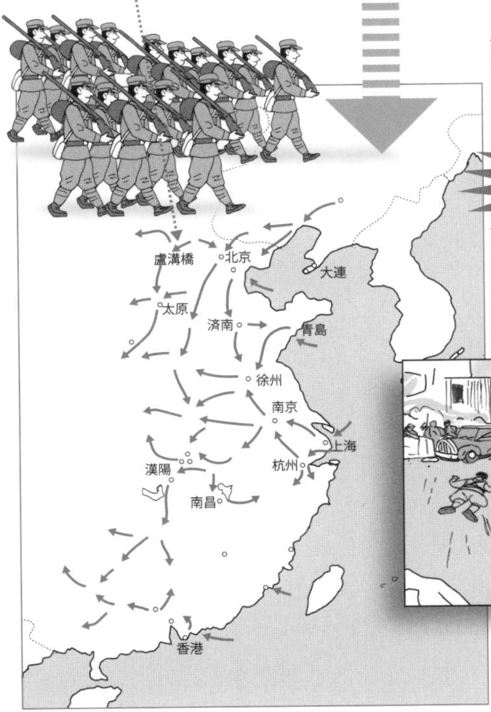
盧溝橋
北京
大連
太原
済南
青島
徐州
南京
上海
杭州
漢陽
南昌
香港

日中戦争の始まりである。

日本は、1937年中に、首都南京を占領したが、米英ソなどの支援を受けた中国は粘り強く抗戦した。

戦闘はどんどん泥沼化していくぞ。

79 太平洋戦争
（1941～1945年）

日中戦争が勃発した後、ヨーロッパでも第二次世界大戦が起こる。戦線が拡大する中、アメリカやイギリスなどとも対立した日本は、1941年、ついに真珠湾を奇襲。太平洋戦争が始まったのである。

日中戦争が始まる前年（1936年）、日本とドイツは防共協定を結び、

翌年、イタリアも加わった。

国内では、1938年国家総動員法が制定され……

議会の関与なしに、政府が人的・物的資源を統制・運用できるようになったぞ！
近衛文麿

1939年、ドイツがポーランドに侵攻。

第二次世界大戦が勃発！

伊
独
日
日独伊は軍事同盟を締結。

1940年には、ナチス・ドイツのような一国一党制を目指し、「大政翼賛会」がつくられ、他の政党は解党した。

大政翼賛會

1941年 真珠湾（ハワイ）攻撃決行！

戦争にひた走る日本に対し、アメリカは怒り、経済封鎖を強めた。

トラトラトラ
（ワレ奇襲ニ成功セリ）
太平洋戦争が勃発！
ニイタカヤマノボレ
東條英機内閣

日米交渉は行き詰まり、ついに日本も日米開戦を決意。

戦局は、当初こそ、
日本軍有利に動いたが……

ミッドウェー海戦での敗北など
がきっかけとなり、徐々に敗色
が強くなる。

これにより、国民生活
も戦争一色になった。

赤紙（召集令状）が
届くと、出征し……

食料などの
不足は深刻化し……

金属は供出さ
せられた。

学徒出陣も
行なわれた。

竹やり訓練

学童疎開
（集団避難）

多くの人が、つらい目に
遭いながら、日本の勝
利を信じていたのじゃ。

80 終戦とGHQ
（1945年）

いよいよ、敗戦の色が濃くなり、日本の本土は空襲などの被害に遭うようになった。やがて日本が無条件降伏し、太平洋戦争は終結。戦後はGHQによる占領政策が進んでいくことになる。

1945年、戦局はますます悪化していく。

3月には東京大空襲をはじめとする本土空襲が激しくなり、各地が焼け野原になった。

4月には沖縄にアメリカ軍が上陸。

ダダダッ

8月には、広島と長崎に相次いで原爆が落とされた。

数えきれないほどの悲劇が起こった。

ついに日本はポツダム宣言を受諾して降伏。国民には天皇による ラジオでの玉音（ぎょくおん）放送で終戦が知らされた。

堪（た）え難きを堪へ
忍（しの）び難きを忍び……

すでにイタリア、ドイツは降伏しており、これにより、太平洋戦争（第二次世界大戦）は終結した。

GHQ本部建物

日本は、連合国軍総司令部（ＧＨＱ）の占領下に置かれた。

最高司令官は、ダグラス・マッカーサーである。

改革シナサイ！
幣原喜重郎

ＧＨＱは、急速に民主化改革を進め……

五大改革指令

- 女性参政権の付与
- 労働組合の結成奨励
- 教育の自由主義化
- 秘密警察などの廃止
- 経済の民主化

財閥解体

農地改革

地主
ひえっ！
財閥

DDT散布
（シラミ退治用）
ギブ・ミー・チョコレート！
闇市

終戦の翌年には、民主的な**日本国憲法**も公布された。

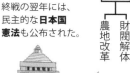

世間は、まだ混乱の中にあったが、徐々に復興への兆しが見え始めたのじゃ。

81 復興と主権回復
(1945〜1952年)

占領下にあった日本に、新たな動きをもたらしたのは、国際情勢だった。東西冷戦の高まりと朝鮮戦争の勃発が後押しとなって、吉田茂首相率いる日本は、ついに平和条約を締結し主権を回復したのである。

GHQの占領下、国民は懸命に復興と民主化にひた走っていた。

女性参政権が認められ、
女性議員も誕生した。
戦火で校舎が焼けたので
「青空(あおぞら)教室」で授業が行なわれた。
その間、東アジアや世界の情勢に変化が生じていく。
スターリン
ソ
社会主義陣営
1948 年
北朝鮮成立
1949 年
中華人民共和国成立
冷戦
自由主義陣営
トルーマン
米
1948 年
大韓民国成立
蒋介石ら国民党は台湾へ
だったら、日本も自立させて、自由主義陣営に入れたほうがいいんじゃない?
マッカーサー
吉田茂
トルーマン

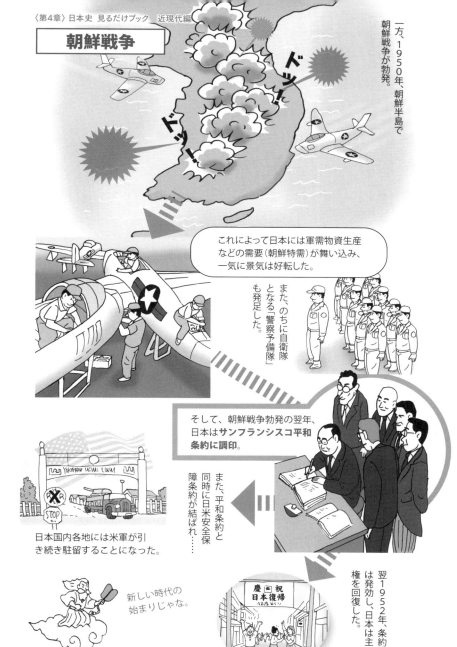

朝鮮戦争

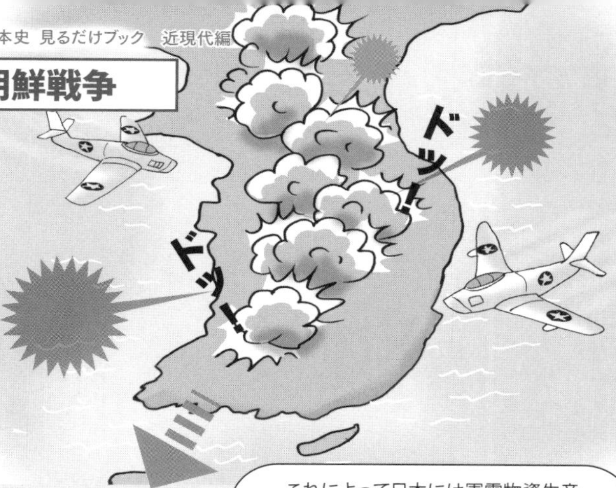
ドッ!
ドッ!

一方、1950年、朝鮮半島で朝鮮戦争が勃発。

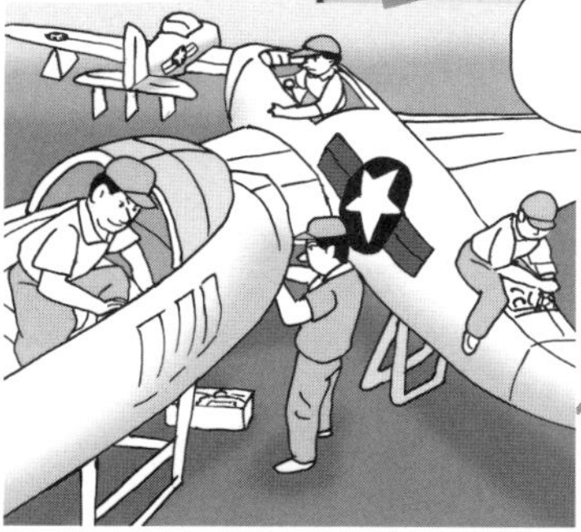

これによって日本には軍需物資生産などの需要(朝鮮特需)が舞い込み、一気に景気は好転した。

また、のちに自衛隊となる「警察予備隊」も発足した。

そして、朝鮮戦争勃発の翌年、日本は**サンフランシスコ平和条約に調印**。

また、平和条約と同時に日米安全保障条約が結ばれ……

STOP

日本国内各地には米軍が引き続き駐留することになった。

慶祝
日本復帰

翌1952年、条約は発効し、日本は主権を回復した。

新しい時代の始まりじゃな。

82 高度経済成長
（1955～1973年）

主権回復ののち、日本は「奇跡」とも称された高度経済成長期に入る。『経済白書』には「もはや戦後ではない」の文字が踊り、アジア初となる東京オリンピックも開かれた。好景気に沸いた時代を見ていこう。

1950年代後半に入ると、日本は好景気を迎える。
政治的には自由民主党と日本社会党が対立する55年体制ができる。
この頃から白黒テレビ、電気冷蔵庫、電気洗濯機（真空掃除機とも）が「三種の神器」と呼ばれ始めた。
その後、新安保条約に反対するデモなどが起き……
その影響で岸内閣が退陣。
岸信介
所得倍増計画
跡を継いだ池田勇人内閣が所得倍増計画を打ち出すと……

高度経済成長に拍車がかかっていった。

GNPは1955年から15年で8倍に！

東京オリンピックや大阪万博などの国際的な催しも開かれ……

Color TV
Cooler
Car

60年代の終わり頃からカラーテレビ、自家用車、クーラーが新三種の神器（3C）と呼ばれ始めた。

経済成長は、公害など新たな問題も引き起こしたが……

祝5月15日日本復帰

1972年には、沖縄の本土復帰も実現し……

年平均成長率は2桁じゃ

日本は大いなる発展を遂げたのである。

よっしゃ、よっしゃ！

田中角栄（たなかかくえい）

twiggy

83 石油危機と冷戦終結
（1973〜1989年）

高度経済成長は、石油危機（オイルショック）とそれに伴う「狂乱物価」、「経済不振」によって終わりを告げた。しかし、その後、徐々に経済は回復。世界的には冷戦も終結を迎えていく。

高度経済成長を終わらせたのは「石油危機（オイルショック）」だった。
STOP
原油価格の引き上げから経済が落ち込み……
石油製品であるトイレットペーパーの買い占めなどが社会現象となった。
トイレットペーパー
世界的にも不況が広まったが……
¥
1975年、第一回先進国首脳会議が開かれるなどして、世界経済の持ち直しを図った。

世界では、東西冷戦が、戦後から緊張と緩和を繰り返してきたが……

1989年、昭和天皇が崩御し、激動の昭和が終了。

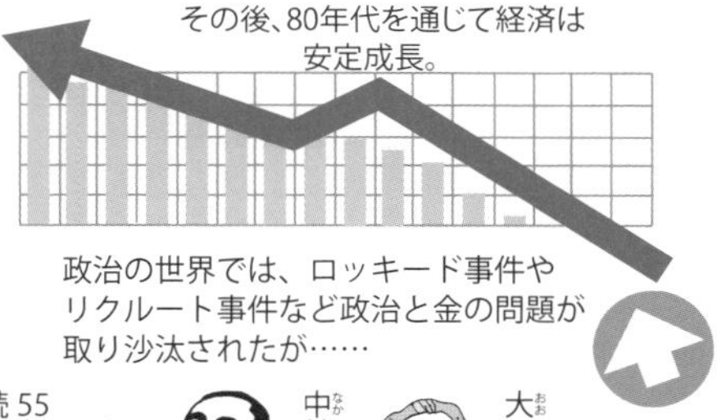

その後、80年代を通じて経済は安定成長。

政治の世界では、ロッキード事件やリクルート事件など政治と金の問題が取り沙汰されたが……

中曽根康弘
大平正芳
不沈空母
あ〜、う〜

55年体制は続いていった。

平成

元号は平成となった。

いろいろなヒーローやヒロインが生まれたんじゃ。

一方、テレビやラジオなどは、すっかりお茶の間の必需品となった。

この1989年には、ベルリンの壁が崩壊。

ペレストロイカ

1985年、ゴルバチョフが書記長となると、緊張緩和が一気に進む。

12月に米ソ首脳は、冷戦の終結を宣言した。

ブッシュ
ゴルバチョフ

WANTED

84 バブル崩壊とIT
（1989〜2010年頃）

平成初期、絶好調だった日本経済は、バブルの崩壊とともに音を立てて崩れていった。さらに大災害や恐ろしい事件なども重なっていく。そんな中、世界的なIT革命の波が押し寄せ、生活は大きく変わっていった。

バブル経済
昭和の終わりから平成の初めにかけては「バブル」と呼ばれる景気のよい時代だった。
企業は、土地や名画などを買い漁り……
高級車やブランド物がよく売れた。
トレンディドラマが流行し、24時間、働き、遊ぶことが美徳でもあった。
リゲイン
しかし、そんな時代は長くは続かなかった。
バブル崩壊
土地や株価が下がり、企業業績は悪化。
「リストラ」、「自己破産」などの言葉が流行し、就職は氷河期に。
大手企業の破綻も珍しくなくなった。
Jリーグ
オハヨウアイシテル
084014106
pocket bell
NININ

そんな時代に、阪神・淡路大震災や地下鉄サリン事件などが、世の中にさらに暗い影を落とした。

地下鉄サリン事件
〈1995年3月20日〉

阪神・淡路大震災
〈1995年1月17日〉

政治の世界では、１９９３年、ついに55年体制が崩壊。

細川護熙（ほそかわもりひろ）

しかし、翌年、「自社さ連合政権」が誕生し、１年足らずで自民党は与党に復活。

それから15年ののち、民主党内閣が誕生し再び自民党は下野。政治的には激動・混乱の時代だった。

鳩山内閣誕生

一方で、元気がなくなった社会人を尻目に、若者、特に女子高生が消費を牽引（けんいん）！

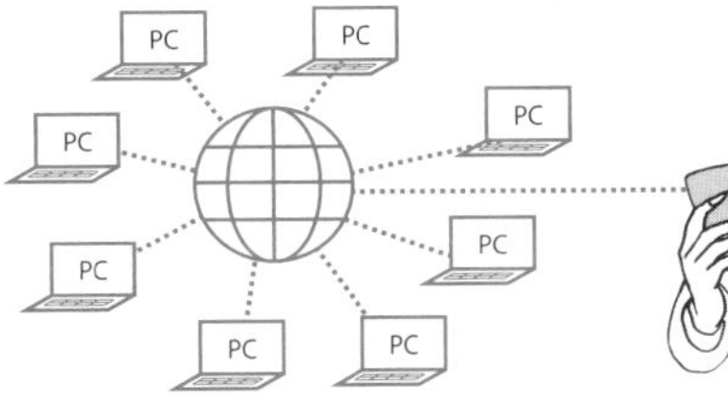
PC
PC
PC
PC
PC
PC
PC
PC

2001年9月11日にはアメリカで同時多発テロ事件も起こったぞ。

また、ウィンドウズ95の発売などを機に、一気にIT革命が巻き起こった!

アラームをセットしました
8:01
1
2
3

85 新しい時代「令和」へ

（2011年〜）

日本は、災害など多くの不幸にも見舞われたが、そのたびに絆を強め、復興、発展の道を歩んできた。近代以降初となる天皇の生前退位を経て始まった「令和」、そしてさらなる未来が、私たちを待っている。

2011年3月11日、日本は東日本大震災と福島第一原発事故という大きな災害を経験した。

その後も、地震、火事、水害など、大きな災害が起こっている。

災害
熊本城

震災の翌年末、再び自民党が与党に復帰。

安倍晋三

同年、GDPが、中国に抜かれ、世界3位となったことが発表されたが……

オバマ
胡錦濤
菅直人
1
2
3

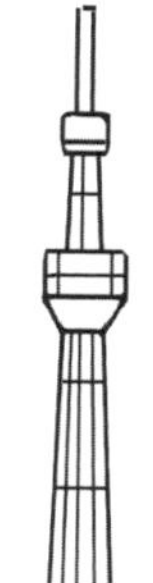

毎年のようにノーベル賞受賞者を輩出していることに象徴される高い研究開発力や技術力が、日本にはある。

今後は、災害からの復興はもとより、災害に強いまちづくり、災害を未然に防ぐための環境問題への取り組みなどがますます重要視されている。

安倍政権は、憲政史上最長の内閣となった。

さまざまな長所を利用して、21世紀の社会、経済、文化の発展に貢献していくことが望まれている。

また、長い伝統に裏づけられた文化や戦後特に発展したマンガやアニメなどのポップカルチャーもある。

次の歴史をつくっていくのは、この本を読んでくれたあなたがた、一人ひとりなのじゃ。
Doctor Heli
菅義偉（すが よし ひで）
安倍晋三
桂太郎
佐藤栄作
伊藤博文
信貴山縁起絵巻
令和

いろいろな「はじめて」話

明治以降、さまざまな商品・サービスなどが開発され、日本の国はどんどん豊かに、便利になっていきました。特に明治になって最初の10年間に、学校制度や鉄道、郵便、現在と同じ暦（太陽暦）などが次々採用されています。日刊新聞も発行され、西洋料理店の開業、あんパンやサイダーなどの発売も始まりました。

以降も明治期に、電灯や電話、自動車などが都市部から順に採用されていきます。娯楽としての映画の上映が始まり、常設の映画館も誕生します。鉄道の旅も普及していったとみえ、日本初の駅弁なども生まれています。

本文でも述べたように、その後の大正から昭和初期にかけては、大衆文化が大いに発展。週刊誌や文庫本が発売され、ラジオ放送が始まったのがこの時期でした。初の地下鉄も開通し、ターミナルデパートができ、食堂のライスカレーに人気が集まりました。はじめての国産洗たく機や掃除（そうじ）機も開発され、高度成長期には各家庭にまで普及します。町づくりや制度面での拡充が急務だった明治期を経て、個人の暮らしが充実する時代になったといえるでしょう。

戦後から高度成長期にかけて、より一層文化的で便利なものがいろいろと発売されます。テレビ放送が始まり、スーパーマーケットが生まれ、高速道路や新幹線が開通。インフラの整備が進みました。インスタントコーヒー、インスタントラーメン、レトルトカレーなど、今でも親しまれているアイデア食品も誕生しました。

その後、携帯電話の元祖とされる「ショルダーフォン」ができたのが1985年。1990年代にパソコンやインターネットが急速に浸透。両者の特長を併（あわ）せ持ったスマホが2000年代に普及します。令和の世は、いったいどんな「はじめて」が生まれるのでしょうか。

Nihonshi Mirudake Book

〈終章〉

日本史
見るだけブック

まとめ・年表編

〈第1章〉 古代（日本の始まりと貴族の政治）

旧石器時代から弥生時代へ

日本人の祖先は、寒い氷河期（氷期）の間、数万年も狩りを中心とした生活を続けていました。やがて、縄文時代になり食物が豊富になると、土器など便利な道具も使われ始め、家族が一つの家に住む生活が始まります。

生活は徐々に豊かになりますが、まだまだ現代人の暮らしとは、大きな違いがあります。たとえば、縄文時代の人口をみてみると、多い時でも日本全国でたった26万人程度しか住んでいなかったようです。現在の500分の1くらいだったわけです。（江戸時代までの人口推計は鬼頭宏・著『人口から読む日本の歴史』より）

その後、弥生時代になりお米が生産されるようになると、人口もどんどん増え、縄文時代の倍以上になったと考えられています。

弥生時代の有名人といえば、なんといっても卑弥呼でしょう。「呪術を使って大国を治めた女王」というと、なんだかとてもロマンチックで、すごい力をもっていた気がしますが、当時の日本の人口

35000年位前	日本に人類が現れ、旧石器時代が始まる（→P14）
13000年位前	温暖化が起こり、縄文時代が始まる（→P16）
2500年位前	水稲耕作が本格化し、弥生時代が始まる（→P18）
57年	漢委奴国王が後漢から金印を授かる
239年	邪馬台国の卑弥呼、魏に遣いを送る（→P20）
3世紀後半	古墳が盛んにつくられ始める（→P22）
478年	倭王武、宋に遣いを送る（→P22）
538年	仏教伝来（552年説もある）（→P24）

からすると、卑弥呼の治めていた国の人口も、せいぜい現在の市町村レベル。数万から数十万人といったところでしょう。

国の形が整えられた

古墳時代になると、近畿地方を中心としたヤマト政権が成立します。現在の天皇の祖先に当たる「大王」を中心とした政権が、東北南部から九州地方へと勢力を広げました。一つの国としての日本の原型ができてきたといってよいでしょう。

飛鳥時代になると、「憲法十七条」をつくった聖徳太子、蘇我氏を倒して「大化の改新」を行なった中大兄皇子らの活躍で、政治の仕組みが整えられます。さらに、天武天皇やその子孫らの尽力により、「律（刑法）」、「令（行政法など）」といった法律もでき、一つの国としての形ができ上がってきます。「日本」や「天皇」という名称が使われ始めるのも、この頃だといわれています。

その結果、奈良時代になると人口も急増。弥生時代の10倍近い、450万～550万人くらいになりました。これで現在の福岡県と同じくらいです。政治的には、藤原氏と他の皇族・貴族との勢力争いが続きました。

592年	蘇我馬子、崇峻天皇を暗殺する（→P26）
593年	聖徳太子が摂政になる（→P26）
604年	憲法十七条が制定される（→P26）
607年	小野妹子を隋に派遣（遣隋使）（→P26）
630年	第一回遣唐使
645年	大化の改新が始まる（→P28）
663年	白村江の戦い
672年	壬申の乱が起こる（→P30）
684年	八色の姓制定（→P32）
694年	藤原京に遷都（→P32）
701年	大宝律令制定（→P32）
710年	平城京に遷都（→P36）
712年	『古事記』ができる（→P38）
720年	『日本書紀』ができる（→P38）
723年	三世一身法施行
729年	長屋王の変（→P36）
740年	藤原広嗣の変（→P36）

優雅な貴族たちの時代

794年、「棚（たな）からぼた餅（もち）」で天皇となった桓武天皇が、平安京への遷都を行なったことから、時代は「平安時代」を迎えます。当初は、空海や最澄のように中国で学んだ人々が日本の文化を発展させる原動力となりましたが、やがて遣唐使が廃止されると、日本独特の国風文化が栄えます。『源氏物語』や『枕草子』に描かれた優雅な貴族風の文化が開花したのです。この『源氏物語』や『枕草子』は仮名を使って書かれています。「ひらがな」や「カタカナ」というのも、平安時代に生み出された日本独特の文字です。

政治的には藤原氏、特に藤原北家と呼ばれる一族が、政権を独占した時代が長く続きました。藤原氏の人々は「承和の変」などで他の貴族を排斥し、摂政や関白という政権の中枢に上（のぼ）りつめたのです。最も権力が強かったのは藤原道長の時代。『源氏物語』が描かれたのもこの頃で、文化的にも藤原道長らがその担（にな）い手となった時代といえるでしょう。人口は奈良時代よりさらに増え、640万～680万人くらいになっています。現在の20分の1くらいです。

743年	墾田永年私財法施行
752年	大仏開眼供養（→P38）
764年	恵美押勝の乱（→P36）
765年	道鏡が太政大臣禅師になる（→P36）
784年	長岡京に遷都（→P40）
794年	平安京に遷都（→P40）
804年	最澄、空海が唐へ（→P42）
842年	承和の変（→P44）
858年	藤原良房が皇族以外で初の摂政になる（→P46）
866年	応天門の変（→P44）
884年	藤原基経、初の関白となる（→P46）
894年	遣唐使の派遣が中止となる（→P48）
901年	昌泰の変（→P44）
	この頃『古今和歌集』ができる
935年	承平・天慶の乱（→P50）
969年	安和の変（→P44）

ついに武士が権力者に！

この平安時代に、「武士」が歴史の中心に登場してきます。935年に起こった武士の反乱事件「承平天慶の乱（平将門の乱・藤原純友の乱）」は、貴族社会を震え上がらせましたが、数年ののちに鎮圧されます。この段階では、まさかこの「武士」が皇族や貴族を圧倒して、何百年も権力の座につこうとは、誰も思っていなかったのではないでしょうか。

平安時代末期には、天皇の座を譲った上皇が実質的な権力を握る「院政」が行なわれました。院政を始めた白河上皇は、かなりわがままなふるまいをした権力者としても知られていますが、この白河上皇が、平氏や源氏などの武士を重用したことが、のちに武士が力をつける大きなきっかけとなります。

白河上皇のひ孫に当たる後白河天皇（のち上皇）の時に、「保元の乱」、「平治の乱」という騒乱が起きました。この二つの合戦を制した平清盛は、貴族としてもどんどん出世していきます。最終的には太政大臣という最高の位に立ち、武士としてはじめて権力の頂点に君臨しました。

	この頃『枕草子』や『源氏物語』ができる（→P48）
1017年	藤原道長が太政大臣、頼通が摂政になる（→P46）
1051年	前九年合戦が起こる（→P66）
1053年	平等院鳳凰堂ができる（→P48、P66）
1083年	後三年合戦が起こる（→P66）
1086年	白河上皇院政を始める（→P52）
1124年	中尊寺金色堂ができる（→P58）
1156年	保元の乱が起こる（→P54）
1159年	平治の乱が起こる（→P54）
1167年	平清盛、武士として初の太政大臣になる（→P56）
1177年	鹿ケ谷の陰謀が起こる（→P56）

〈第2章〉 中世（武士の世が始まり、乱世へ）

本格的武家政権「幕府」誕生

1180年、横暴な態度が目立ってきた平氏の政権を倒すため、各地の源氏が立ち上がります。やがて木曽義仲・源義経らが活躍し、「壇ノ浦の戦い」で平氏を滅亡させると、源氏の棟梁・源頼朝は征夷大将軍に任ぜられ、鎌倉幕府が開かれます。本格的な武家政権の誕生です。

その後、源氏は頼朝とその2人の息子・頼家、実朝の3代で滅び、以降は頼朝の妻政子の実家・北条氏が実質的に幕府を率いていきます。鎌倉幕府は、後鳥羽上皇の起こした「承久の乱」や「蒙古襲来」などの外圧にも襲われましたが、見事勝利を獲得します。

この時代、不安な世相を反映して鎌倉新仏教と呼ばれる新しい宗派が生まれました。武士の時代らしく、力強い仏像などの彫刻や刀剣などの製作も広まりました。

ここで再び、人口に注目してみましょう。縄文時代から平安時代にかけて、日本の人口は増加の一途をたどってきましたが、鎌倉時代になると、人口は停滞、ないし

1180年	源頼朝が挙兵（→P62）
1185年	壇ノ浦で平氏滅亡（→P62）
1192年	源頼朝、征夷大将軍に（→P64）
1199年	頼家が2代将軍に（→P64）
	この頃『新古今和歌集』や『方丈記』ができる（→P66）
1219年	3代将軍実朝、暗殺される（→P64）
1221年	承久の乱が起こる（→P64）
1232年	御成敗式目が制定される（→P64）
1274年	文永の役（蒙古襲来）（→P68）
1281年	弘安の役（蒙古襲来）（→P68）
1297年	永仁の徳政令発布
1324年	正中の変が起こる（→P70）

減少傾向を示します。度重なる戦乱や耕地の不足などが原因といわれています。

鎌倉幕府から室町幕府へ

蒙古襲来ののち、財政不足などに悩まされていた鎌倉幕府は、後醍醐天皇の呼びかけに応じた楠木正成や足利尊氏らの武士により、1333年、滅ぼされます。

そうして後醍醐天皇は「建武の新政」と呼ばれる政治を始めますが、武士などの評判は悪く、挙兵した足利尊氏らにより、その政権は3年ほどで崩壊します。

その後、後醍醐天皇は奈良県の吉野に逃れ、足利尊氏の擁立した北朝と対立する「南北朝時代」が訪れます。一方、後醍醐政権を倒した足利尊氏は、1338年、室町幕府を創立。孫の3代将軍・足利義満の時代になると、南北朝の合一にも成功します。

この時期には、能や茶道、華道、俳諧（俳句）、和風建築、日本庭園などが発展します。私たちが日本的と考えるものの多くは、室町時代にその起源を求めることができるのです。

しかし、義満の孫、8代将軍・義政の時代に「応仁の乱」が起こり、世は大きく乱れます。いよいよ戦国時代の始まりです。

1331年	元弘の変が起こる（→P70）
1333年	鎌倉幕府滅亡（→P70）
1334年	建武の新政が始まる（→P72）
1336年	南北朝の時代が始まる（→P72）
1338年	足利尊氏が征夷大将軍に（→P74）
1350年	足利尊氏・直義らの争い（観応の擾乱）が始まる（→P74）
1391年	明徳の乱で山名氏清討たれる（→P76）
1392年	南北朝の合一（→P76）
1394年	足利義満、太政大臣に（→P76）
1404年	勘合貿易（日明貿易）が始まる（→P76）
1419年	応永の外寇
1428年	正長の土一揆が起こる（→P78）
1441年	嘉吉の乱が起きる
1467年	応仁の乱が起こる（→P82）
1485年	山城の国一揆が起こる（→P78）
1488年	加賀の一向一揆が起こる（→P78）

群雄割拠の時代に台頭した信長

応仁の乱で幕府の力が弱まると、戦国大名が領地などをめぐって競い合う「群雄割拠」の時代が訪れます。武田信玄や上杉謙信、毛利元就ら有名な武将が、覇権を競い合ったのです。

この時代にヨーロッパ諸国との出会いが生まれたことも、その後の日本に大きな影響を与えました。鉄砲は戦国の世の戦い方を変え、ザビエルの伝えたキリスト教は、信者を徐々に増やし、布教と弾圧の歴史を刻んでいきます。また、西洋の進んだ文化が少しずつですが、日本国内にも浸透していくようになります。

多くの戦国大名が争うなか、頭一つ抜け出したのが尾張国の織田信長です。「桶狭間の戦い」で東海の大大名・今川義元を破った信長は、15代将軍・足利義昭を擁立して入京。その後、信長包囲網を形成する数々の敵を倒し天下統一に大きく近づきます。

しかし、その信長の政権は、あまりにもあっけなく終末を迎えました。1582年、家臣の明智光秀の裏切りに遭い、信長は燃え盛る炎のなか、本能寺で自刃。命を落としたのです。

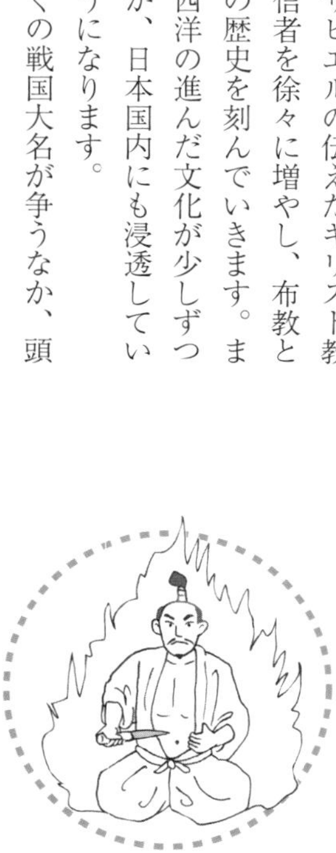

1493年	北条早雲、伊豆に進出（→P84）
1543年	種子島に鉄砲伝来（→P86）
1549年	ザビエルがキリスト教を伝える（→P86）
1560年	桶狭間の戦いが起こる（→P88）
1561年	第四次川中島の戦いが起こる（→P84）
1565年	13代将軍足利義輝が暗殺される
1568年	織田信長が入京する（→P90）
1570年	姉川の戦いが起こる
	第一次信長包囲網ができる（→P92）
1571年	比叡山焼き討ち（→P92）
1573年	足利義昭を追放(室町幕府滅亡)（→P92）
1575年	長篠の戦いが起こる
1576年	安土城築城開始（→P92）
	第二次信長包囲網ができる（→P92）
1582年	天正遣欧使節
	本能寺の変が起こる（→P94）
	山崎の戦いが起こる（→P94）

豊臣秀吉が天下人に

「本能寺の変」の首謀者・明智光秀を討った豊臣秀吉は、柴田勝家らとの争いに勝ち、信長の後継者の地位を固めます。その後、四国、九州、関東等の戦国大名を圧倒した秀吉は、ついに１５９０年に全国統一を果たします。これにより応仁の乱から百数十年間も続いてきた乱世が、ついに終わりを迎えることとなったのです。

その間、秀吉は朝廷から関白に任命され、のちにその座を降り、太閤として政治を行ないます。「太閤検地」、「刀狩り」などによって、全国統一の基盤づくりにも着手しました。

しかし、天下統一後も戦乱は完全に終わらず、秀吉は朝鮮にも出兵しました。多大な悲劇を巻き起こしたその出兵の最中、秀吉は病気で亡くなります。跡継ぎの秀頼はまだ幼く、世は再び混乱の様相を呈してきます。

この室町時代から戦国、安土桃山時代にかけては、戦乱が多かったものの農業生産技術の発達などもあり人口は増加。安土桃山時代の末期には１２００万人を超えるようになります。現在の東京都の人口より１割少ない程度です。

1583年	太閤検地が始まる（→P100）
	賤ヶ岳の戦いが起こる（→P96）
	小牧・長久手の戦いが起こる（→P98）
1585年	豊臣秀吉、関白に（→P100）
	秀吉、四国平定（→P98）
	秀吉、太政大臣となり、豊臣姓を賜る（→P100）
1587年	秀吉、九州平定（→P98）
	バテレン追放令発布（→P100）
1588年	刀狩令発布（→P100）
1590年	小田原征伐。秀吉、天下統一（→P98）
1592年	文禄の役（朝鮮出兵）（→P104）
1596年	サン＝フェリペ号事件が起こる
1597年	慶長の役（朝鮮出兵）（→P104）
1598年	豊臣秀吉没（→P104）

関ヶ原を制し幕府を開いた家康

豊臣秀吉の死後は、その最大のライバルでもあった徳川家康が天下を狙い始めます。やがて家康は、豊臣秀吉の遺児・秀頼を擁立する石田三成らと対立。天下分け目の「関ケ原の戦い」が起こります。この戦いに勝利した家康は、1603年、征夷大将軍となり、江戸幕府を開きました。

しかし、豊臣家はまだ存続しています。そこで家康は豊臣方を挑発し「大坂の陣」を起こしました。結果、1615年、豊臣秀頼らは自刃。これにより戦国の世は真の意味で終わりをつげ、天下泰平と呼ばれた江戸時代が本格的に始まることになるのです。

「幕藩制度」、「鎖国」、「禁教」などを特色とする江戸幕府の体制は、3代将軍・徳川家光の頃までに固められ、5代将軍綱吉の頃には、町人が担い手となった「元禄文化」が栄えます。松尾芭蕉が『おくのほそ道』などで味わい深い俳諧（俳句）を披露し、近松門左衛門が人形浄瑠璃（文楽）や歌舞伎の脚本を書いて人気を集めた、そ

1600年	関ヶ原の戦いが起こる（→P108）
1603年	徳川家康が征夷大将軍に（→P110）
1613年	全国に禁教令を発布（→P114）
1614年	大坂冬の陣が起こる（→P112）
1615年	大坂夏の陣が起こる（→P112）
1624年	スペイン船の来航禁止（→P114）
1637年	島原の乱（→P114）
1639年	ポルトガル船の来航禁止（→P114）
1643年	田畑永代売買禁止令発布
1651年	由井正雪の乱が起こる（→P116）
1657年	明暦の大火（振袖火事）が起こる（→P116）
1669年	シャクシャインの戦いが起こる
1682年	井原西鶴の『好色一代男』できる（→P120）

んな時代でした。

繁栄する江戸の町

江戸時代には、「島原の乱」、「由井正雪の乱」、それに各地で「一揆」や「打ちこわし」などの騒乱が起きましたが、政権を揺るがすような合戦や反乱事件などはなく、比較的穏やかな時代が続きました。18世紀には、人口は3000万人に達しています。以降も幕末まで約3000万から3300万人程度で推移します。現在の首都周辺（東京都・神奈川県、千葉県、埼玉県）の人口の合計は3600万人前後ですから、それよりやや少ないくらいの人数が日本全国に散らばっていた計算になります。しかし、それでも首都・江戸は、今の山手線内より少し広いくらいの都心部に100万を超える人口が集う、当時としては世界最大級の都市であったといわれています。

しかし、そんな繁栄を誇った江戸幕府も、18世紀に入ると、財政難などに襲われることになります。そんな時に8代将軍となった徳川吉宗は、「享保の改革」と呼ばれる政治改革を行ない、幕政はいったん回復傾向をみせます。しかし、その後は一揆や打ちこわしも増え、飢饉なども発生。幕政に不安定要素が増すことになります。

1685年	最初の生類憐みの令発布（→P118）
1689年	松尾芭蕉『おくのほそ道』の旅に出る（→P120）
1702年	赤穂浪士らが討ち入りを果たす（→P118）
1703年	近松門左衛門の『曽根崎心中』が初演される（→P120）
1709年	新井白石らの政治（正徳の治）が始まる（→P122）
1715年	海舶互市新例が出され長崎貿易が制限される（→P122）
1716年	徳川吉宗が享保の改革を始める（→P124）
1722年	上げ米令が出される。小石川養生所ができる（→P124）
1732年	享保の飢饉が起こる
1742年	公事方御定書ができる（→P124）

改革の時代と庶民文化

18世紀後半からの江戸時代後期は、改革の時代といってよいかもしれません。商業を軸に改革を行なおうとした田沼意次、「寛政の改革」を実行した松平定信、「天保の改革」を行なった水野忠邦が、その中心人物です。

しかし、これらの改革は、一定の成果を収めた施策もあるものの、社会経済を大きく改善するには至りませんでした。そこに「天明の大飢饉」、「天保の大飢饉」といった災害が追い打ちをかけ、「大塩平八郎の乱」など、政府に対する大規模な反乱も起こります。

不安定な政情が続くなかでも、江戸庶民は活気を失いません。江戸時代後期には、文化・文政期（1804〜1830年）を中心に「化政文化」と呼ばれる町人文化が花開きます。文学では『東海道中膝栗毛』、『南総里見八犬伝』などの名作が生まれ、庶民の心をとらえました。また、浮世絵は庶民でも気軽に楽しめる絵画作品で、歌川広重の『東海道五十三次』葛飾北斎の『冨嶽三十六景』などはのちに海外でも有名となります。一方、「蘭学」、「洋学」と呼ばれた西洋文明も徐々に広まりをみせます。

1767年	田沼意次の政治が始まる（田沼時代）（→P126）
1774年	杉田玄白ら『解体新書』をあらわす（→P130）
1782年	天明の大飢饉が起こる（→P126）
1787年	松平定信が寛政の改革を始める（→P128）
1789年	棄捐令発令（→P128）
1790年	寛政異学の禁（→P128）
1792年	ラクスマンが根室に来航
1804年	レザノフが長崎に来航
1814年	滝沢馬琴の『南総里見八犬伝』の刊行始まる（→P130）
1825年	異国船打払い令が出される（→P134）
1833年	天保の大飢饉が起こる（→P132）
1837年	大塩平八郎の乱が起こる（→P132）
1839年	蛮社の獄が起こる

ついに江戸幕府が終焉

1853年、太平の眠りを覚ますとうたわれたアメリカのペリー率いる艦隊が浦賀に来航。日本国中が「黒船」の噂で持ち切りとなり、結局幕府は、これまでの「鎖国」制度を改め、「開国」へと舵を切ります。欧米各国と条約を締結し、貿易も始まりました。

この幕府の姿勢に、天皇を敬い、外国人を排斥しようという「尊王攘夷派」の人間が反発。数々のテロ事件などを起こすようになりますが、これらの活動は尊王攘夷派の中心といえる長州藩士らが「八月十八日の政変」で京から追放されると、やや弱まりをみせます。

しかし、この間、幕府に対する風当たりは強まります。そのような情勢下、反幕府の代表ともいうべき、薩摩藩と長州藩が同盟を締結。その後、第二次長州征伐で幕府が敗れると、幕府の弱体化は誰の目にも明らかになりました。

そこで最後の将軍・徳川慶喜は「大政奉還」をし、260年以上続いた江戸幕府は終焉を迎えます。その後の旧幕府軍と新政府軍の争いである戊辰戦争も新政府軍の勝利に終わり、ここに、江戸時代は名実ともに幕を閉じたのです。

1841年	水野忠邦が天保の改革を始める（→P134）
1842年	薪水給与令が出される（→P134）
1843年	上知令失敗。天保の改革終了（→P134）
1853年	ペリーが黒船を率い浦賀に来航（→P136）
1854年	日米和親条約締結（→P136）
1858年	日米修好通商条約締結（→P138）
1860年	桜田門外の変が起こる（→P138）
	この頃、尊王攘夷派のテロ事件が多発する（→P140）
1863年	八月十八日の政変が起こる（→P140）
1864年	禁門の変が起こる（→P140）
1866年	薩長同盟締結される（→P142）
1867年	大政奉還が行なわれる（→P144）
1868年	戊辰戦争が始まる（→P146）

明治維新と文明開化

1868年、元号は「明治」となり、急激な近代化が進められます。「廃藩置県」により藩はなくなり、「地租改正」により全国一律の収税が始まるなど、中央集権体制が急速に整えられていきます。

しかし、士族（旧武士階級）など新体制に不満を持つ者も現れます。一部地域では、新政府に対する武力による反乱事件も起こりましたが、それも1877年の「西南戦争」を最後に収束しました。

一方、政治に不満を持つ人々は、別の形でも反意を示しました。「自由民権運動」です。その活動は、政府側の抵抗にも遭いながら、やがて帝国議会（国会）開設によって、実を結ぶことになります。

東京
江戸

その間、政府は西洋文明を積極的に取り入れ、都会から徐々に西

1869年	版籍奉還実施（→P150）
1871年	廃藩置県実施（→P150）
1872年	学制発布。鉄道開通。太陽暦採用（→P156）
1873年	徴兵令、地租改正条例（→P150） 明治6年の政変（→P152）
1874年	民撰議院設立建白書（→P154） 佐賀の乱が起こる（→P152）
1876年	秩禄処分。神風連、秋月、萩の乱が起こる（→P152）
1877年	西南戦争が起こる（→P152）
1881年	開拓使官有物払下げ事件が起き、国会開設勅諭が出される（→P154）

洋化の波が広がりました。鉄道、電信・電話などが普及し、洋装の人も増えました。学校教育が制度化され、日本の近代化は急速に進展します。一方、明治初期には3000万人台だった人口も急速に増加。明治末から大正にかけて5000万人を突破します。

戦争と大衆文化の時代

国際社会の仲間入りを果たした日本は、国際紛争にも足を踏み入れることになります。1894年には「日清戦争」、1904年には「日露戦争」が起こり、犠牲を払いながら、朝鮮半島や台湾、樺太（からふと）などへ領土を拡張しました。また、第一次世界大戦にも参加し、戦後、南洋諸島なども獲得します。

大正時代から昭和初期にかけては、関東大震災や金融恐慌などの事件が起こったにもかかわらず、大衆文化が大いに栄えました。町にはサラリーマンや職業婦人が増え、個人の家にも洋間などが積極的に取り入れられるようになります。新聞、ラジオ、雑誌などが大いに発展し、映画やスポーツ観戦、デパートで洋食を楽しむ人も増えていったのです。

人口は昭和初期から戦中にかけて6000万から7000万人強。この段階でも現在の半分程度であることに着目しておきましょう。

1890年	帝国議会（国会）開会される（→P154）
1894年	領事裁判権撤廃（→P158） 日清戦争勃発（→P160）
1895年	三国干渉が起こる（→P162）
1902年	日英同盟締結（→P162）
1904年	日露戦争勃発（→P162）
1910年	韓国併合（→P164） 『白樺』創刊（→P166）
1911年	関税自主権回復（→P158）
1914年	第一次世界大戦勃発（→P164）
1915年	中国に二十一カ条要求を提出（→P164）
1922年	『週刊朝日』『サンデー毎日』創刊（→P166）
1923年	関東大震災が起こる（→P168）
1925年	ラジオ放送開始（→P166）
1927年	金融恐慌が起こる（→P168）
1929年	世界恐慌が起こる（→P170）
1931年	満州事変が起こる（→P172）

繰り返してはいけない戦争の悲劇

1930年代から国内外で軍部の台頭が目立ち始めます。「満州事変」、「五・一五事件」、「二・二六事件」などが大いに世間を騒がせました。やがて1937年に「日中戦争」が始まります。ヨーロッパでも第二次世界大戦の火ぶたが切られ、日本の真珠湾攻撃により戦火は大きく広まり、「太平洋戦争」が勃発。世界中でさまざまな悲劇が巻き起こされていきます。

その後、ミッドウェー海戦での敗北などにより、戦局は日本不利に傾きます。そして1945年、東京大空襲、沖縄戦、広島・長崎への原爆投下など日本国内でも大変な数の犠牲者が出てしまいます。そしてついに、日本はポツダム宣言を受諾。太平洋戦争（第二次世界大戦）はここに終了し、日本はGHQの占領下に入るのです。

発展する昭和、平成、令和の日本

戦後日本は、GHQの指導のもと、民主化が進められました。財閥解体、農地改革などが行なわれ、「日本国憲法」も施行されました。その後、朝鮮戦争の勃発が契機となり、「サンフランシスコ平和条

1932年	五・一五事件が起こる（→P170）
1933年	国際連盟脱退を通告する（→P172）
1936年	二・二六事件が起こる（→P170）
1937年	日中戦争勃発（→P172）
1939年	第二次世界大戦勃発（→P174）
1941年	太平洋戦争勃発（→P174）
1942年	ミッドウェー海戦が起こる（→P174）
1945年	東京大空襲。沖縄戦。原爆投下。終戦（→P176）
1950年	朝鮮戦争勃発（→P178）
1951年	サンフランシスコ平和条約に調印（→P178）
1952年	主権回復（→P178）
1955年	55年体制が確立（→P180）
1960年	所得倍増計画策定（→P180）
1964年	新幹線開通。東京オリンピック開催（→P180）
1970年	大阪万博開催（→P180）

約」が締結され、1952年、主権回復に至ります。

戦後日本国民は、懸命になって復興の努力を続けました。特に池田勇人首相が「所得倍増計画」を発表した1960年頃から、奇跡と呼ばれる「高度経済成長」を実現。経済成長率は年10%を超えていました。家庭に電化製品が普及し、東京オリンピックが華々しく開催されたのです。

終戦直後7000万人程度だった人口は、急上昇を遂げ、わずか20年ほどで1億人を突破。日本の人口が現代の日本の姿に近くなったのは、高度成長期の頃といってよいでしょう。高度経済成長は、石油危機の到来で終焉を迎えますが、人口はその後も伸び続け、昭和の終わりから平成にかけて1億2千万人台で推移。ただし、2008年をピークにして、現在は減少傾向へと転じています。

昭和から平成、令和へと移る間にバブルの崩壊、東日本大震災などの災害にも見舞われながら、多くの流行が生み出されました。街頭テレビ、カミナリ族、ツイッギー、竹の子族、ポケベル、プリクラ、VR、自撮りなど各時代を象徴するものを、180ページ以降の下段に描いています。あなたはいくつわかりますか。

令和

1972年	沖縄本土復帰が実現（→P180）
1973年	石油危機が起こる（→P182）
1976年	ロッキード事件が問題化（→P182）
1978年	新東京国際（成田）空港開港
1989年	昭和天皇崩御。冷戦終結（→P182）
1993年	細川内閣が成立し、55年体制が崩壊（→P184）
1995年	阪神淡路大震災、地下鉄サリン事件が起こる（→P184）
2009年	民主党鳩山政権発足（→P184）
2011年	東日本大震災が起こる（→P186）
2012年	第二次安倍政権発足（→P186）
2019年	生前退位が行なわれ、「令和」に
2020年	新型コロナ騒動で東京オリンピックが延期

❖おわりに……

見て楽しむ「日本史」への旅はご堪能できましたか？

この本の企画が動き始めたのは、1年数ヵ月前のことです。まさに全国的に新型コロナ・ウイルスの感染者が次々と増えていった時期とも重なります。どこへも外出できず、私はただ日本の歴史への旅を続け、頭の中は日本史にいい意味で感染していたようなものです。

制作にあたっては、私なりの解釈も加えながら、持てる画力と持ち味を遺憾なく出しきって描かせてもらいました。また、著者の福田さんより多くの資料とアドバイスをいただき、たいへん助かりました。そして、この本の企画立案者であるオフィスONの荻野さんや辰巳出版の湯浅編集長からはいろいろなサポートをいただきました。

1年以上前に夢に描いた**「見るだけで日本の歴史が理解できる本をつくりたい」**という願いがやっとかない、たいへん喜んでおります。

本書は、**歴史好きの読者の待ちに待った本**であり、また私自身を**貴重な日本史への旅に連れて行ってくれた大切なガイド書**でもあります。

また、どこかでお目にかかりましょう！

塩浦信太郎

【著者】
福田智弘（ふくだ・ともひろ）
1965 年埼玉県生まれ。1989 年東京都立大学人文学部卒業。
編集・デザインディレクターを経て、現在、国内外の歴史、古典文学関連を中心に、精力的に執筆活動を行なう作家として活躍している。
主な著書に、ベストセラー『世界史もわかる日本史』、『表も裏もわかる日本史［江戸時代編］』、『古代史 闇に隠された 15 の謎を解く』（以上、実業之日本社）、『「川柳」と「浮世絵」で読み解く よくわかる!江戸時代の暮らし』（辰巳出版）、『ビジネスに使える「文学の言葉」』（ダイヤモンド社）ほか、多数ある。
また、NHKテレビアニメでもおなじみのベストセラー漫画『ねこねこ日本史』（実業之日本社）で漫画家・そにしけんじ氏とタッグを組んでの監修のほか、関西の夜の人気情報番組『ビーバップ!ハイヒール』（朝日放送）などに日本史テーマ等のコメンテイターとしても出演。

【作画者】
塩浦信太郎（しおうら・しんたろう）
1954 年群馬県生まれ。イラストレーター、カラクリ作家。中央美術学園卒業後、国内外を幅広く遍歴、アニメーションなどを手がける一方、図解を中心としたさまざまなジャンルの書籍を数多く出版。からくり作家としても知られ、美術館、博物館、科学館へのからくり作品の貸し出し、ホテルなどからのオーダーによる作品制作、デパート各店などでの展示・販売も行なっている。小学館『キッズペディア』（子ども向けの図鑑）シリーズの表紙カバーを長年担当。著書には、『137 億年 宇宙・地球・生命の謎』（実業之日本社）、『まんがでわかる! からだのしくみ・病気のメカニズム』（日東書院）ほかがある。

◉……本書制作スタッフ
装幀◎杉本欣右
装画◎塩浦信太郎
本文デザイン・DTP◎笹森識（サッシイファム・クリエイティブ）
編集協力◎荻野守（オフィスON）
企画・編集担当◎湯浅勝也

企画・進行…湯浅勝也
販売部担当…杉野友昭　西牧孝　木村俊介
販売部…辻野純一　薗田幸浩　亀井紀久正　平田俊也　鈴木将仁
営業部…平島実　荒牧義人
広報宣伝室…遠藤あけ美
メディア・プロモーション…保坂陽介
FAX : 03-5360-8052　Mail : info@TG-NET.co.jp

日本史(にほんし) 見(み)るだけブック

2021年 4月20日　初版第1刷発行
2021年10月 1日　初版第2刷発行

著　者　福田智弘
作画者　塩浦信太郎
発行者　廣瀬和二
発行所　辰巳出版株式会社
〒160-0022
東京都新宿区新宿 2丁目15番14号　辰巳ビル
TEL　03-5360-8960（編集部）
TEL　03-5360-8064（販売部）
FAX　03-5360-8951（販売部）
URL　http://www.TG-NET.co.jp

印刷・製本　図書印刷株式会社

ISBN978-4-7778-2519-6 C0021